O Código de CONVERSÃO

O Código de CONVERSÃO

CAPTURE **LEADS** DA INTERNET

CRIE **COMPROMISSOS** DE QUALIDADE

FECHE MAIS **VENDAS**

CHRIS SMITH

ALTA BOOKS
EDITORA
Rio de Janeiro, 2017

O Código de Conversão
Copyright © 2017 da Starlin Alta Editora e Consultoria Eireli. ISBN: 978-85-508-0068-4

Impresso no Brasil — 1ª Edição, 2017 - Edição revisada conforme o Acordo Ortográfico da Língua Portuguesa de 2009.

Obra disponível para venda corporativa e/ou personalizada. Para mais informações, fale com projetos@altabooks.com.br

Produção Editorial
Editora Alta Books

Produtor Editorial
Claudia Braga
Thiê Alves

Produtor Editorial (Design)
Aurélio Corrêa

Gerência Editorial
Anderson Vieira

Supervisão de Qualidade Editorial
Sergio de Souza

Assistente Editorial
Juliana de Oliveira

Marketing Editorial
Silas Amaro
marketing@altabooks.com.br

Gerência de Captação e Contratação de Obras
autoria@altabooks.com.br

Vendas Atacado e Varejo
Daniele Fonseca
Viviane Paiva
comercial@altabooks.com.br

Ouvidoria
ouvidoria@altabooks.com.br

Equipe Editorial Bianca Teodoro, Christian Danniel, Illysabelle Trajano, Renan Castro

Tradução
Vivian Sbravatti

Copidesque
Samantha Batista

Revisão Gramatical
Marina Boscato
Carolina Gaio

Revisão Técnica
João Tortello
Analista de Sistemas

Diagramação
Daniel Vargas

Dados Internacionais de Catalogação na Publicação (CIP)
Odilio Hilario Moreira Junior CRB-8/9949

S644c Smith, Chris

O código de conversão: capture leads da internet, crie compromissos de qualidade, feche mais vendas / Chris Smith ; traduzido por Vivian Sbravatti. - Rio de Janeiro : Alta Books, 2016.
208 p. : il.; 17cm x 24cm.

Tradução de: The Conversion Code
Inclui índice.
ISBN: 978-85-508-0068-4

1. Estratégias de venda. 2. Captação de clientes. I. Sbravatti, Vivian. II. Título.

CDD 381.1
CDU 339.187

ALTA BOOKS EDITORA
Rua Viúva Cláudio, 291 - Bairro Industrial do Jacaré
CEP: 20.970-031 - Rio de Janeiro (RJ)
Tels.: (21) 3278-8069 / 3278-8419
www.altabooks.com.br — altabooks@altabooks.com.br
www.facebook.com/altabooks — www.instagram.com/altabooks

Sumário

Introdução: Como o Código de Conversão Foi Criado

O Código de Conversão é um novo diagrama para anunciantes e vendedores que mostra como capturar e converter leads da internet em vendas na maior taxa possível. Usando o "código" exato deste livro, você imediatamente obterá mais tráfego em seu site e mais leads da internet e, mais importante, fechará mais vendas.

Na última década, trabalhei em vendas internas e liguei para mais de dez mil leads da internet. Até trabalhei para dois bilionários: Dan Gilbert e Lou Pearlman. Gilbert é mais conhecido como o dono da Quicken Loans e do Cleveland Cavaliers, enquanto Pearlman tristemente/impressionantemente criou os nomes de Britney Spears, *NSync e Backstreet Boys. Eu faço um arremesso de três pontos bem decente e adoro cantar no chuveiro, mas não foi por causa dessas habilidades que eles me contrataram. Eu era um vendedor interno de elite para as organizações deles.

Na Quicken Loans, para Gilbert, eu vendia hipotecas (quando as taxas de juros estavam acima de 7% e o mercado imobiliário estava quebrando). Na Fashion Rock, para Pearlman, eu vendia "eventos de férias" em Orlando, nos quais agentes de talento procuravam (mais ou menos) pelo próximo grande talento. Como se fosse um pré-*American Idol*.

Nas duas empresas, eu realizava vendas por telefone em uma baia (fazendo prospecção por telefone no estilo ***Boiler Room***), ligando para as pessoas que haviam pedido mais informações online (ou por um anúncio de rádio ou TV). Eu recebia um nome, um número e um telefone. Meu trabalho era ligar para os leads e fechar com eles naquele dia, pegando o número de cartão de crédito também. Para os empréstimos, eu também tinha que obter um contrato assinado e fazer com que o lead me desse seu número de Seguro Social pelo telefone nos primeiros cinco minutos da ligação.

Em *O Código de Conversão,* ensinarei a você exatamente o quê, quando e como falar com pessoas ao telefone para que, diariamente, você as convença a comprar de você. Na verdade, o roteiro de vendas na Parte Três deste livro funciona tão bem e é tão fácil de ser duplicado que deveria ser ilegal (alerta de spoiler: um pouco do que aprendi na empresa de Lou Perlman realmente era).

Você sentirá como se o que está aprendendo neste livro lhe desse uma vantagem injusta. E dá mesmo. Eu frequentemente paro, enquanto ensino o "código", para lembrar que, apesar de ser ótima a sensação de ser tão bom em vendas internas ao ponto de vender qualquer coisa para qualquer um, você também precisa de uma mentalidade de Homem-Aranha: Com grandes poderes vêm grandes responsabilidades.

Empregando o que aprendi em vendas internas (as partes legais e éticas) para Gilbert e Pearlman, fui parar em um emprego de vendas externas que incluía vender do palco como orador para a Move Inc. A Move é uma empresa de capital aberto da NewsCorp (império de Rupert Murdoch, da Fox News/Wall Street Journal) e vale quase um bilhão de dólares. No início, eu ia até dois escritórios por dia no estado da Flórida e vendia CRM, sites e outras soluções de marketing online para agentes imobiliários. Eu tinha que sair do escritório com um contrato assinado, senão a venda ia para o time de vendas internas e eu não ganhava comissão. Eu também era orador em conferências e eventos de negócios, sempre tendo que fechar negócios no dia, ou não recebia comissão. Usando meu "código", ganhei o Move's Presidents Club Award em meu primeiro ano, vendendo mais que os representantes experientes, apesar de não ter nenhuma experiência em vendas externas nem em software de vendas.

Foi durante o período em que fiquei na Move que comecei a fazer vlogs e a usar o Facebook para propósitos de negócios com uma marca da qual fui cofundador (com um cara incrível chamado Steve Pacinelli), denominada Tech Savvy Agent. Sem demora, estávamos recebendo mais de 100 mil visualizações por mês e gerando dezenas de milhares de curtidas e leads. Basicamente, eu tinha sido apenas vendedor na minha vida, até iniciar a Tech Savvy Agent. Agora, eu também era anunciante. E os leads que gerava eram de qualidade e estavam comprando.

Em seguida, fui contratado para ser treinador de vendas e orador para os times de vendas interna e externa da DotLoop, uma empresa de gerenciamento de transações e assinatura digital. O título oficial do meu trabalho era "Chief Paper Killer" (algo como Chefe em Assassinar Papéis). Conforme eu ensinava "O Código de Conversão" para o time de vendas da DotLoop, era possível ver "cabeças explodindo". Eles saíam de todas as sessões de treinamento de vendas ansiosos para voltar aos seus telefones. Eles chegavam dizendo que "apenas precisavam de ajuda para o fechamento" e saíam dizendo que meu "código" era o "melhor treinamento de vendas" e um "agente de mudança" imediato. No meu terceiro ano na companhia, a DotLoop foi adquirida pelo Zillow Group por 108 milhões de dólares. Não foi bem outra experiência bilionária, mas uma saída de nove dígitos não é tão ruim.

Hoje, sou sócio da minha própria empresa — a Curaytor. Ela é especializada em ajudar proprietários de pequenos negócios na geração e conversão de leads com nossas estratégias de software simples e comprovadas. Combinamos ideias e inovação com execução para proprietários de pequenos negócios que estão muito ocupados para fazer qualquer coisa sozinhos. Todo mês, geramos dezenas de milhares de leads da internet, transformando muitos deles em vendas. Simplificando, fazemos para eles o "Código de Conversão", que você aprenderá neste livro (exceto ligar para os leads, pois damos a eles o roteiro que está na Parte Três).

Veja alguns depoimentos de nossos clientes da Curaytor:

"Antes de usar a Curaytor, eu fazia cerca de 200 mil dólares (em rendimentos). Parece que meus próximos 12 meses podem ficar na faixa de 600 a 750 mil dólares."

"Nos primeiros 6 meses de 2015, ultrapassamos as vendas totais de 2014!"

"Dupliquei meus negócios."

"Os negócios aumentaram mais de 100% em 12 meses."

"Melhor investimento que fiz em 14 anos... Sem dúvida."

"Meu negócio aumentou 52% desde que fizemos a parceria com a Curaytor e pensamos em crescer mais 50% no ano que vem!"

Usando "O Código de Conversão", a Curaytor ultrapassou os 5 milhões de dólares em receita recorrente anual em menos de três anos (e estamos crescendo como erva daninha). Para garantir o sucesso da minha primeira startup, eu voltei pessoalmente ao telefone e vendi os primeiros dois milhões em receita recorrente, usando as estratégias e o roteiro que estão neste livro.

A diferença entre fazer vendas internas para si mesmo e fazê-las para outra pessoa é que você precisa: (a) De algo incrível que possua para vender e (b) Leads qualificados para quem vender. Então, nas duas primeiras partes de *O Código de Conversão*, ensinarei exatamente como gerar ótimos leads de internet (a um baixo custo por clique, lead e aquisição) e como usar a tecnologia, pessoas e automação de marketing para transformar esses leads em uma corrente de compromissos de qualidade infinitos para nosso time de vendas.

Dito isso, acredito realmente que a automação de marketing é superestimada e está sendo usada como muleta com muita frequência. A tecnologia e o software se tornaram desculpas para não fazer o trabalho real de pegar no telefone e conversar com pessoas sobre o que você vende e como servirá para elas. Se quiser ganhar dinheiro fechando leads online, você tem que pegar no maldito telefone. Se você tiver mais nomes de usuários e senhas do que clientes, está fazendo isso errado.

A ideia de "carrinho" ou "comércio eletrônico" é um mito para a maioria. É claro, podemos comprar coisas pela Amazon ou Zappos sem nunca conversar com os representantes de vendas deles, mas se VOCÊ acha que pode simplesmente fazer com que leads da internet comprem coisas de VOCÊ (que, na verdade, custam mais do que alguns reais) sem nunca ligar para eles, VOCÊ está errado. Resumo? A maioria das empresas precisa pegar o telefone para fechar um lead e está tão focada em trabalhar da maneira mais inteligente, não da mais árdua, que tropeça em moedas de 50 centavos para pegar as de um centavo. Nunca se esqueça de que conversas geram vendas.

Eu me sinto muito abençoado por ter aprendido a vender antes de aprender a comercializar. Aprendi como converter leads antes de aprender a gerá-los. Então, quando me tornei anunciante, vi uma grande responsabilidade em meu novo papel. Minha estratégia de marketing partiu do meu trabalho dentro da sala de vendas, sabendo em primeira mão como pode ser difícil fazer prospecção telefônica todo dia. Como poderia me aproximar do marketing querendo obter maus leads apenas para poder apontar métricas de vaidade que nem importam? Sei que meu roteiro de vendas funciona e eu respeito o tempo de um vendedor porque sou um vendedor; então, quando ensino como gerar leads, tenha certeza de que meus objetivos são quantidade E qualidade.

O marketing pode fazer um trabalho bem melhor de enviar para as vendas leads prontos para comprar. Na verdade, se a maioria dos anunciantes realmente tivesse que ligar para os leads que está gerando, iria pedir demissão. Uma coisa é conseguir um "Curtir", "Seguir" ou se inscrever no e-mail — outra é conseguir o tempo deles. E uma coisa completamente diferente é conseguir o número do cartão de crédito de alguém.

Por causa da recente revolução digital, vou ainda mais fundo e proclamarei que todo lead agora é um lead da internet. Estamos todos online, todos os dias, o dia todo. O mundo está mudando, e suas estratégias precisam mudar com ele. Olhamos o Facebook em nossos telefones mais do que olhamos os rostos uns dos outros. Independentemente de enviar informações pelo formulário do site ou não, todo ser humano agora está condicionado a procurar online antes de efetuar uma compra. E graças ao nosso vício em mídias sociais, você agora pode gerar demanda, não apenas satisfazê-la.

Se você estiver em vendas ou marketing e seu trabalho não envolver leads da internet, tenho más notícias: você está perdendo e deixando toneladas de dinheiro na mesa. Também tenho boas notícias: você adquiriu este livro. Estando em marketing ou vendas, ou sendo um representante de vendas experiente ou iniciante em marketing nas redes sociais, *O Código de Conversão* é seu guia para obter retorno sobre o investimento assim que possível.

Como Decifrar o Código de Conversão

O QUE É O CÓDIGO DE CONVERSÃO?

O Código de Conversão é a nova fórmula para ser um ótimo anunciante e vendedor na era da internet. É um diagrama passo a passo comprovado para aumentar leads e vendas imediatamente. Os consumidores de hoje são espertos e têm mais opções do que nunca. Capturar a atenção deles e transformá-la em renda requer uma abordagem completamente nova. O Código de Conversão fornece orientação clara para conquistar a nova mudança de paradigma, em direção à geração de leads online e vendas internas.

Vendas tradicionais e conselhos de marketing estão se tornando cada vez menos relevantes. Este livro trata da importância da geração e conversão *intencionais* de leads de internet, não da geração e conversão passivas de leads. Você aprenderá como *gerar* demanda, em vez de apenas satisfazê-la.

As pessoas costumavam assistir a comerciais de dois minutos e não podiam avançá-los rapidamente. Agora nossa atenção está em toda parte... o que significa que ela não fica em nenhum lugar por muito tempo. Na verdade, um estudo recente da Silverpop diz que você tem oito segundos para capturar a atenção de alguém, antes que a pessoa parta para outra coisa.[1]

COMO VOCÊ PODE DECIFRAR O CÓDIGO DE CONVERSÃO

Como qualquer código, o Código de Conversão possui vários passos. Há informações insanamente valiosas em cada um deles, mas quero dar a VOCÊ a ajuda de que mais precisa, agora mesmo. Estou ciente de que muitos vendedores NÃO precisam gerar NEM marcar seus próprios compromissos. Eles simplesmente trabalham para uma empresa (como a

Quicken Loans ou a Curaytor) que faz isso por eles. Também sei que a maioria dos anunciantes *nunca* faz ligações de vendas (triste, porém verdade). Então, pense nisto como um livro de escolha-sua-aventura e faça a si mesmo as seguintes perguntas, antes de começar.

Você precisa gerar mais leads agora? Seu problema é que você não tem pessoas suficientes com quem conversar sobre o que vende? Comece pela Parte Um.

Depois que ler e fizer o que aprendeu na Parte Um, você terá um fluxo consistente de leads da internet de qualidade.

Sei que pode parecer impossível ter leads em sua caixa de entrada todo dia, mas posso dizer, por experiência própria, que não é. Na verdade, é relativamente fácil, se você souber exatamente o que fazer.

Você já tem leads da internet, mas precisa de ajuda para transformá-los em compromissos de vendas? A Parte Dois é por onde você deve começar. Usando ferramentas e táticas específicas, ensinarei você a criar compromissos com leads da internet para alavancar novas (e antigas) possibilidades todo dia.

Você já tem leads suficientes para ligar e só precisa saber o que dizer para fechar as vendas? Você deve começar pela Parte Três, que cobre exatamente o que dizer para que os leads comprem de você.

Dentro de cada parte há um diagrama fácil de seguir para melhorar seus negócios *agora mesmo*. Os fundamentos das vendas e do marketing mudaram. Você mudou? Compartilharei com você quais são realmente os pilares de vendas e marketing.

Um de meus primeiros treinadores de vendas foi um gênio do telemarketing que me ensinou mais sobre vendas internas do que qualquer outra pessoa. Ele dava uma aula poderosa de 15 a 20 minutos sobre vendas toda manhã, antes de começarmos a pegar os telefones e ligar para leads. Na verdade, era a única hora que ele falava conosco...

Lembro que ele amava dizer: "A maioria de vocês *aprenderá* mais do que *ganhará* enquanto trabalhar aqui". E estava certo (apesar de eu também ter ganhado bastante lá). Ele fez um esboço que mostra claramente o que você aprenderá, e então fará dia após dia, porque leu este livro. É um desenho bem simples, mas ficou gravado em minha mente. Recomendo que você o grave na sua também. Penso nele em *toda* campanha de marketing que crio e em todas as vendas que faço. Ele é mostrado na Figura I.1.

Figura I.1

Ele usava o gráfico para explicar por que o entusiasmo e o tempo são tão importantes quando você está vendendo pelo telefone. Ele dizia que o "iasm" (de enthusiasm, em inglês) significava **I** **A**m **S**old **M**yself (eu mesmo sou vendido) (veja a Figura I.2).

Figura I.2

Seu trabalho no telefone, ao conversar com leads, é bem simples: ser tão entusiasmado pelo produto a ser vendido que chega a transmitir isso pela linha de compra. Assim, e só assim, você consegue vender. O mesmo desenho também se aplica ao marketing. Você só tem que fazê-los ficar mais animados do que o "custo" de terem que lhe fornecer informações de contato. Só assim você consegue capturá-los.

Exatamente o quê, quando e como dizer as coisas para fazer com que isso realmente aconteça estão neste livro e são uma parte importante do meu "código".

Fiquei triste ao saber, depois que saí da Fashion Rock, que meu treinador de vendas havia sido preso nove anos antes, acusado de fraudes em bancos federais por seu envolvimento em uma operação de telemarketing. Ele tinha desenvolvido um roteiro que era muito bom, porque ultrapassava várias linhas éticas e continha muitas mentiras por trás.

Se a empresa de Lou Pearlman tinha uma organização de vendas repleta de ilegalidades, foi na Quicken Loans onde aprendi a venda legal. A Quicken Loan me ensinou mais em cinco semanas de treinamento de vendas do que qualquer universidade poderia ter me ensinado em quatro anos.

Outro momento de descoberta que vale a pena compartilhar sobre vendas internas (antes de chegarmos ao X da questão de geração e conversão de leads) foi uma cortesia de Dan Gilbert, na minha orientação de admissão em Michigan. Ele falou sobre a Regra dos 7–38–55%, de Albert Mehrabian, e a ciência por trás da maneira como os seres humanos se comunicam. Gilbert explicou que a maneira como as pessoas se comunicam pode ser dividida em três aspectos (veja a Figura I.3).

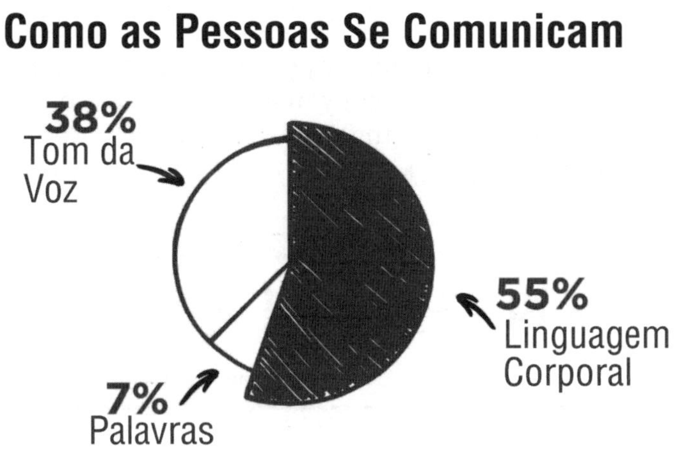

Figura I.3 Como as Pessoas Se Comunicam

O primeiro e mais importante impacto significativo na comunicação humana é, na verdade, a linguagem corporal. Péssimas notícias, ele disse. Quando você está vendendo pelo telefone para um lead da internet, *não existe* linguagem corporal.

O seguinte é o tom. É aqui que eu brilho. Sou ótimo com as palavras, mas também sou do Sul dos EUA e falo devagar. Eu pareço superconfiável ao telefone, mas também esperto. Honesto, mas direto. Educado, mas não "melhor do que você". É muito difícil ensinar as pessoas como melhorar seu tom, mas permita-me deixar *bem claro* que as palavras no roteiro que você aprenderá neste livro funcionarão *muito melhor* se o seu tom for correto. Na verdade, se você adicionar tom e linguagem corporal (tudo, *menos* as palavras que você diz), isso dá 93% de como as pessoas se comunicam.

É por isso que você ouve gracejos como "moção cria emoção" e o porquê de geralmente ver representantes de vendas internas em pé e vendendo (ou jogando futebol uns com os outros) ao falarem com um lead. Faz o sangue correr, torna os longos dias de prospecção telefônica um pouco mais aturáveis, mas, mais importante, melhora seu tom! Eu vendi mais férias em um dia do que a maioria dos vendedores ao meu lado vendeu em uma semana. Redigi mais hipotecas na minha primeira semana na Quicken Loans do que a maioria dos bancários experientes redigiu em um mês todo. Posso garantir que minhas palavras e aparência não eram o motivo de as pessoas comprarem. Eu mal sabia sobre o que estava falando ("fingir até se tornar" vem à minha mente) e eles não podiam me ver. Meu sucesso era simplesmente meu tom de entusiasmo, mais o roteiro comprovado e leads sólidos que a companhia me ofereceu.

Tendo trabalhado com pessoas extremamente talentosas durante minha carreira, percebi que o MELHOR vendedor interno tinha a seguinte característica: atitude mental positiva. Na verdade, eles possuem uma "mentalidade de labrador" — ficam felizes de ver qualquer lead (agradeço ao CEO Galen Ward por compartilhar essa ótima analogia comigo). O melhor representante interno também trabalha *duro* e se *esforça diariamente*. Além disso, está constantemente afiando seu machado e buscando *mais conhecimento* sobre como pode melhorar ainda mais nas vendas.

Se você tem um negócio, do que precisa para prosperar na era da internet? Das mesmas coisas que precisava uma década atrás e precisará uma década à frente. Você precisa de leads, compromissos e vendas. Neste livro, ensinarei como conseguir os três.

Como todo lead agora é um lead da internet, a demanda para a automação de marketing e vendas internas é *muito* alta. As vendas internas estão crescendo loucamente *porque* a internet está crescendo loucamente. Ser bom no marketing tradicional e em vendas cara a cara *não* faz com que você seja bom no marketing digital e em vendas internas.

A maioria dos conselhos e livros sobre marketing foi concebida na era pré-mídia social, pré-dispositivos móveis, que *nunca* tiveram que ligar para um lead da internet. Sou fã de treinadores de vendas lendários, como Zig Ziglar e Brian Tracy, mas eles nunca tiveram que ligar para mais de 10 mil leads da internet e vender para alimentar seus filhos. Estas tendências requerem uma nova abordagem, um novo roteiro e um novo treinador. A menos que você realmente tenha ligado para centenas de leads da internet por semana, durante anos, simplesmente não consegue ensinar o que há neste livro.

O que dizer, *como* dizer e *quando* dizer importam muito. Há infinitamente mais inovação no mundo do marketing do que no mundo das vendas. O que você diz em uma ligação com um lead da internet é tão complexo e científico quanto as campanhas de marketing que os anunciantes criam e lançam usando o HubSpot ou Infusionsoft. Na Parte Três deste livro, você aprenderá um novo roteiro comprovado que criei especificamente para leads da internet.

AS CRENÇAS DO CÓDIGO DE CONVERSÃO

O Código de Conversão está repleto de ciência de vendas e marketing. Vou ensinar muitos conceitos, fórmulas e elementos técnicos que melhorarão seu negócio. Mas, se você se sentir sobrecarregado, quero que se concentre no que é essencial. Eu as chamo de Crenças do Código de Conversão e há uma para cada parte deste livro. Escreva-as, imprima-as e pendure-as em sua baia.

A Crença do Anunciante
Leads são pessoas também
Imagem é tudo
Facebook é a internet
Análises são superestimadas
Cada palavra conta
A Crença do Programador
Cada segundo conta
Zero chamadas frias
Empresas humanas vencem
O segredo está no acompanhamento
Cada palavra conta
A Crença do Vendedor
Sim não é um acidente
Conversas criam vendas
Vá fundo ou vá dormir
Você é o responsável
Cada palavra conta

O Código de Conversão afiará seus conhecimentos em marketing e vendas para a era moderna guiada pela internet e o ajudará a bater sua cota consistentemente. Aproveite!

Parte I

Capture Leads da Internet

A CRENÇA DO ANUNCIANTE

LEADS
SÃO
PESSOAS TAMBÉM

IMAGEM É
TUDO

FACEBOOK
É **A**
INTERNET

ANÁLISES
SÃO
SUPERESTIMADAS

CADA PALAVRA **CONTA**

#OCódigodeConversão

Capítulo 1

Precisa de Mais Leads?

Como Criar Sites e Landing Pages que Capturem Leads da Internet Consistentemente

Se você está lendo este livro, há uma boa chance de ter ouvido (possivelmente até um milhão de vezes) que, se quiser vencer online, "o conteúdo é rei".

O CONTEÚDO NÃO É REI SE SEU OBJETIVO FOR CAPTURAR E CONVERTER LEADS — DESIGN, INTENCIONALIDADE E LANDING PAGES SÃO OS REIS

Ao criar seu site ou landing pages (ou mudar e melhorar os que você já possui), é obrigatória uma abordagem "conversão em primeiro lugar" para o design e experiência do usuário. Para resumir: ótimo design gera confiança e confiança é, e sempre foi, o motivo pelo qual as pessoas compram coisas, tanto online quanto offline. Como Zig Ziglar disse uma vez: "Se as pessoas gostarem de você, elas o escutarão. Mas se elas confiarem em você, farão negócios com você."

Neste capítulo, cobrirei as melhores maneiras de capturar leads da internet de qualidade usando um site e landing pages. No mundo real, antes de convidar qualquer pessoa para jantar, você limpa sua casa. Não é diferente online. Antes de enviarmos tráfego para o nosso site, precisamos nos certificar de que ele fará a conversão. Infelizmente, vejo muitas empresas que têm um site tão mal projetado que estão até admitindo que, com base nele, não contratariam a si mesmas.

Como quase todo negócio tem um site, começarei por aqui. Mas não antes de mencionar que um componente importante para dominar o Código de Conversão é entender que, para a geração e conversão de leads online, as landing pages são uma opção muito melhor do que sites.

Em condições ideais, uma empresa usará os dois. Mas se você estiver lendo isto e *realmente* precisar de leads o mais rápido possível, landing pages são a melhor escolha.

Como Construir um Site que Gere Confiança e Capture Leads

Uma pesquisa recente[1] (que eu descobri graças ao fundador da Social Triggers, Derek Halern, um convidado em nosso podcast), realizada por Elizabeth Silence, Pam Briggs e Lesley Fishwick, intitulada "Trust and Mistrust of Online Health Sites" (Confiança e Desconfiança em Sites de Saúde, em tradução livre), prova que design online = confiança e vendas. Eis um trecho do estudo e o que elas aprenderam:

> *Os fatores de um design e conteúdo de informações diferentes influenciam a confiança e a desconfiança em sites de saúde online? Durante quatro semanas consecutivas, foram observadas 15 mulheres frente a uma decisão de saúde arriscada, enquanto buscavam informações e conselhos na internet. Mulheres em vários estágios da menopausa participaram do estudo (41 até mais de 60 anos de idade, com média de 49 anos de idade). Todas as mulheres tinham interesse em descobrir mais sobre a menopausa e todas usavam a internet ao menos uma vez por semana, apesar de terem diferentes níveis de confiança quanto a estar online.*
>
> *As participantes falaram sobre suas primeiras impressões a respeito de um site. Havia dois fatores que as levavam a rejeitar ou desconfiar de um site rapidamente. A maioria esmagadora dos comentários era relacionada ao design do site.*

Em relação ao "número de vezes que um fator foi mencionado como uma porcentagem do número total de comentários sobre rejeição", 94% citaram o design e apenas 6% citaram o conteúdo. Então, talvez o conteúdo não seja o rei no fim das contas.

Estas foram algumas das primeiras impressões e comentários das mulheres sobre o design do site (ou a falta dele):

> "Achei a tela muito cheia. Eu não conseguia focar nada logo de cara" ***(mulher, 66 anos)***

"É tão clínico, tão sem graça, muitos brancos e azuis pálidos obviamente tentando ser gentis com os olhos" (*mulher, 48 anos*).

"Os banners, quando estão tentando vender algo ou fazer você clicar para ganhar alguma coisa, fazem você fechar" (*mulher, 49 anos*).

"Em um deles eu não gostei da cor. Mal podia esperar para sair dele. Tinha um fundo verde insípido que me expulsou de lá" (*mulher, 53 anos*)

"Não houve nada que gostasse nele. Não gostei das cores, do texto, do layout" ***(mulher, 52 anos)***

Esse feedback honesto e duro das participantes me lembrou da famosa citação de David Ogilvy: "A consumidora não é uma idiota. Ela é sua esposa".

Se você vai capturar e converter leads da internet de qualidade, precisa conquistar sua confiança. Comece pela lista de críticas e olhe para seu site atual para ver do que você é "culpado".

Os princípios de um bom design se mantêm verdadeiros além da faixa demográfica. O Code Academy, um programa interativo online que oferece aulas de programação gratuitas (e, possivelmente representa um tipo de demografia totalmente diferente da do estudo anterior), ofereceu um conselho[2] assustadoramente similar ao das mulheres do estudo de sites de saúde.

Em setembro de 2015, até o governo dos EUA desenvolveu padrões de design para todos os seus sites avançarem.[3] Se mulheres de meia-idade, programadores e políticos concordam sobre a importância de um bom design, não parece meio insensato ignorá-los e não fazer algumas mudanças em seu site?

Eis uma combinação de princípios de design que apareceram em listas dos já mencionados Baby Boomers, Gênios e Burocratas. Também adicionei minha interpretação sobre o porquê de esses princípios serem tão importantes.

Uma Coluna. Ter um layout de uma coluna possibilita a abordagem "uma página, um propósito". O design de um site com duas ou três colunas pode parecer desordenado, complexo e abarrotado. Além disso, é muito mais fácil fazer um layout de uma coluna responder a um dispositivo móvel, que é de onde virão mais de 50% do seu tráfego e leads. Se você for usar uma plataforma como Wordpress ou Squarespace para criar seu site, certifique-se de procurar por temas de uma coluna.

Prova Social. "Eles são ótimos" é o novo "Nós somos ótimos". Quando você mostrar o feedback de seus consumidores mais felizes, e não apenas suas próprias mensagens de marketing, descobrirá que a quantidade e a qualidade de leads de seu site aumentarão.

Usar análises reais da Yelp, Google ou Facebook e recomendações do LinkedIn é ideal. Lembre-se de que seus leads podem identificar instantaneamente e já confiar naquelas logos muito mais do que nas suas. Impressiona-me o quanto muitos proprietários de negócios possuem ÓTIMAS críticas online, mas não as apresentam de uma maneira bonita em seu próprio site.

Na verdade, "88% dos consumidores dizem que confiam em críticas online tanto quanto em recomendações pessoais".[4]

Mais Contraste. Quanto menos cores você usar, mais as que usar aparecerão. Espaços em branco são altamente subestimados. Um site bem desenhado deve levar as pessoas às partes que trazem dinheiro para você, rapidamente. Melhore o contraste utilizando uma abordagem "menos é mais". Use cores somente quando necessário — como em suas chamadas para ação. Isso fará com que as pessoas visitem seu site ao clicar nas páginas, botões e links em que você mais quer que elas cliquem.

Menos Campos de Formulário. Temos apenas oito segundos para capturar a atenção de alguém online; então, você não pode pedir uma tonelada de informações em seus formulários de contato. Fique com o básico: nome, telefone e e-mail, quando possível. Você também pode usar um botão "entrar com Facebook ou Google", acima ou abaixo dos campos de formulário, para que as pessoas possam completar o formulário sem digitar.

Também descobri que é MUITO útil ter uma opção reserva como: "Ou você pode ligar/mandar mensagem para 5555-5555 ou mandar e-mail para Hello@Curaytor.com", sempre que tiver um formulário de contato. O ponto é que, se alguém está disposto a preencher um formulário em seu site para que você entre em contato depois, pode ser que prefira apenas entrar em contato naquela hora. Se demorar mais que poucos instantes para localizar seu telefone ou e-mail em seu site, conserte isso o mais rápido possível.

Mantendo o Foco. Mais escolhas = menos decisões tomadas. Quando possível, você deve limitar a apenas uma o número de chamadas para a ação de qualquer página. Se uma página de seu site pede para que eu assine sua ***newsletter***, siga no Twitter *e* faça download de seu e-book, provavelmente não farei nada disso. Lembre-se: uma página = um propósito. A única página de seu site que provavelmente precisará de várias chamadas para ação é sua página principal. Para todas as outras páginas, mantenha-as focadas em um objetivo principal.

Alvos Maiores. Isso é particularmente importante para a captura de leads. A Code Academy citou a Lei de Fitts, que diz: "O tempo necessário para mover e interagir com uma área-alvo é uma função da distância e do tamanho do alvo. Quanto mais perto e maior o alvo, mais rápida a ação". Para dizer isso de maneira mais simples: o tamanho e a distância entre os campos de formulários de seu site e landing pages são importantes. Certifique-se de que seus formulários não sejam tão pequenos e nem tão espaçados.

Design para Casos Extremos. Muitos visitantes de seu site voltarão para visitá-lo uma segunda, terceira ou até mesmo centésima vez. Mas alguns deles o visitarão pela primeira vez, especialmente depois que eu ajudá-los a dominar o código de anúncios do Facebook, e começarão a enviar leads todos os dias. Também posso dizer que muitos consumidores online não querem telefonar para uma empresa que descobriram online. Mas, para os "casos extremos" que querem, seu número não deveria ser facilmente encontrado? A questão é que até mesmo os sites bem construídos não capturam todo visitante. Certifique-se de que ele capture todo comprador sério que o visite. E certifique-se de que os visitantes que são os "casos extremos" (não o visitam com frequência e não conhecem você e sua marca) sintam-se tão bem-vindos quanto os visitantes que retornam frequentemente.

Se estiver planejando a construção de um novo site, deixe que as informações encontradas nestes princípios de percepção do consumidor e design sejam seu guia. Isso não serve apenas para aqueles que estão tentando fazer as coisas por conta própria — acredite, já fiz isso. Plataformas como WordPress e Squarespace tornam fácil e barato criar sites bonitos e adicionar conteúdo. Mas há um custo real na tentativa de projetar e construir sites você mesmo. Mesmo quando você fizer o download de um "tema" que parece ótimo, haverá muito trabalho para configurá-lo apropriadamente.

Anos atrás, passei horas e horas obcecado e trabalhando em um site para a Tech Savvy Agent, que comecei e fiz com meu bom amigo Steve Pacinelli. Passamos *horas* e muitas noites sem dormir desenvolvendo o design, criando e personalizando.

Foi *terrível*. Nossa ideia de sermos criativos ia totalmente contra o senso comum e os padrões da web, como usar um fundo preto com textura. Graças a Deus que nosso conteúdo era ótimo e que a expectativa de design ainda estava baixa, caso contrário ninguém teria suportado aquela ostentação.

Quando finalmente procuramos um web designer profissional, as coisas melhoraram. Reinvestimos o que conseguimos em nosso primeiro site feito por nós mesmos e contratamos, por 5 mil dólares, um desenvolvedor/designer (Ken Granger) para criar um site personalizado com WordPress. Lançamos nosso primeiro site desenvolvido profissionalmente em maio de 2010. Até aquele momento, nunca tínhamos atingido mais do que mil visualizações em um dia. De repente, tínhamos auxílios de navegação, cores contrastantes/fortes e assim por diante. Os resultados foram instantâneos e impressionantes.

No primeiro dia de nosso site, tivemos três vezes o número máximo de visualizações que tínhamos em um dia! Melhor ainda, como continuamos com nosso ótimo conteúdo, conseguimos manter aquele tráfego por um bom tempo. Assim que eu vi que 3 mil visualizações por dia eram possíveis, imediatamente foquei um novo objetivo: 100 mil visualizações em um mês. Eu sabia que tinha que trabalhar muito, e acreditava que podíamos atingir a meta em 12 meses com o novo site desenvolvido profissionalmente.

Imagine minha surpresa quando atingimos esse objetivo nos primeiros 30 dias depois que tentamos. Uma vez que colocamos nosso excelente conteúdo rodeado de um ótimo design, estávamos no caminho de mais de um milhão de visualizações por ano! O patinho feio tinha finalmente se tornado um cisne. Não subestime o valor de contratar um profissional que faz um ótimo design ao construir seu site e suas landing pages.

Se estiver atualizando seu site antigo, faça um favor a si mesmo: contrate um profissional. Faça com que ele construa um site para você que não pareça bom apenas para este ano, mas pague para que fique atualizado por anos a fio. Os padrões de design mudam rapidamente. Dê a lista de princípios de design deste capítulo ao seu designer (ou use-os você mesmo, se insistir na abordagem do ***faça você mesmo***) e certifique-se de que seu novo site os siga. A vantagem de fazê-lo pode ser imediata e drástica.

COMO TRANSFORMAR UM SITE EM UMA MÁQUINA GERADORA DE LEADS DE FORMA RÁPIDA E BARATA

Fazer um novo site bem projetado pode ser uma tarefa desafiadora, demorada e cara. A boa notícia é que há algumas maneiras de transformar (quase) qualquer site em uma máquina geradora de leads, instantaneamente. Lembre-se: não queremos que você comece a enviar tráfego para nosso site antes de termos uma ratoeira bem lubrificada e com um queijo fresco.

Há algumas táticas de add-ons comprovadas que começarão a aumentar a porcentagem geral de suas capturas de visitas a leads (geralmente chamadas de taxa de conversão). Todo mundo parece ter sua própria preferência para a quantidade de chamadas para a ação proativas em um site. Como as mulheres da pesquisa apontaram, você não quer que as pessoas fiquem sobrecarregadas. Como a mulher de 49 anos notou: *"Os banners, quando tentam vender algo ou fazer você clicar para ganhar alguma coisa, fazem você fechar"*.

Não é que banners, pop-ups ou "anúncios autopromocionais" não funcionem e não devam fazer parte do seu site. Na verdade, eles são uma parte essencial na compreensão do Código de Conversão. Mas se você tiver que irritar ou enganar um lead para capturar suas informações, terá muito mais dificuldade para transformá-lo em uma conversa por e-mail ou em torná-lo um cliente ao telefone. As primeiras impressões são importantes.

Nosso objetivo é estarmos presentes para aqueles que querem comprar agora ou falar com alguém de vendas, mas TAMBÉM capturar informações e acompanhar aqueles que comprarão depois.

Veja algumas formas comprovadas de capturar leads em seu site sem ser (muito) irritante. Certifique-se de também aplicar princípios sólidos de design a esses elementos quando os adicionar a seu site.

- Caixa de "Alerta" (Intercom, Kissmetrics Engage e Hello Bar oferecem isso)
- Chat ao vivo (Intercom, Zopim e Olark são boas escolhas)
- Pop-up de tela cheia (que é oportuno usando intenção de saída ou comportamento do visitante) (Intercom, Kissmetrics Engage, OptinMonster)
- Informações de contato no cabeçalho ou rodapé (certifique-se de que o e-mail, telefone e endereço físico estejam bem visíveis e clicáveis)

- Uma página dedicada aos contatos que você conecta à sua página Sobre e Depoimentos e no menu/cabeçalho/rodapé de navegação. Essa página pode ter um formulário, mas também deve ter qualquer outra maneira possível de comunicação com você (como canais de mídia social)
- Uma opção "Ligue-nos", "Envie-nos uma mensagem", "Chat ao vivo" ou "Envie-nos um e-mail" em todo formulário de contato

O SumoMe é uma ótima opção, se você quiser inserir a maioria dessas características em seu site, tudo de uma vez. Gosto especialmente dos add-ons Welcome Mat, List Builder e Scroll Box da SumoMe. Por sorte, SumoMe, Kissmetrics e Intercom fazem com que a adição dessas funcionalidades seja tão simples quanto instalar uma linha ou duas de código em seu site.

Uma das melhores funcionalidades de chat ao vivo da era moderna, que poucas companhias estão aproveitando, são mensagens e gatilhos contextuais. Se alguém visita uma página específica de seu site ou se visita determinado número de páginas ou passa tempo suficiente em seu site, essas ferramentas podem enviar uma mensagem superespecífica. Por exemplo, se alguém está na página de Depoimentos de seu site, o chat ao vivo pode surgir ou um alerta pode dizer: "Obrigado por ler nossas críticas, Chris. Eu também leio as críticas antes de comprar algo. Caso tenha alguma pergunta, fale comigo!" ou se alguém ler vários artigos em seu blog, uma mensagem dinâmica poderá aparecer e dizer: "Muito bem! Você acabou de ler quatro artigos ótimos, em sequência. Talvez queira inscrever-se em nosso boletim por e-mail para receber novas postagens do blog". As possibilidades são infinitas. Para simplificar, apenas pense sobre: (a) Que gatilhos você quer usar? e (b) Quais mensagens/links/caminhos quer exibir quando esses gatilhos forem ativados por um visitante?

Essas "mensagens" baseadas em comportamento no site (que também podem se estender a mensagens de e-mail marketing, tratadas na página 69) personalizam a experiência para o visitante e dão a ele toda oportunidade de conectar-se de uma maneira relevante e semiautomatizada, sem serem muito assustadoras ou irritantes.

Para um "chat ao vivo" mais tradicional, Olark e Zopim são excelentes ferramentas que podem ser integradas facilmente em quase todos os sites existentes, em poucos minutos. Pense em seu site como uma loja de varejo. Se você seguir o Código de Conversão, milhares de pessoas entrarão por mês. Ao ter alguém disponível, no caso de não estarem "apenas navegando", você fornece um serviço apreciado para compradores sérios que precisam de mais ajuda, mas podem não estar prontos para preencher um formulário ou ligar para você.

A chave para todas essas ferramentas em tempo real é *estar disponível*. Pode ser que você não consiga estar 24 horas por dia, mas, lembre-se: assim como é importante ligar para um lead da internet imediatamente, o mesmo ocorre com o chat ao vivo. O legal é que, uma vez que você tenha isso instalado em seu site, receberá um alerta sempre que alguém se envolver com a ferramenta. Certifique-se de que em todo chat seu objetivo seja ser prestativo, mas também *obter informações* (nome, e-mail, número de telefone). Eles desejarão usar o chat para obter uma resposta rápida; você quer usar o chat para marcar um compromisso ou conseguir falar com eles o mais rápido possível.

Eis um exemplo de chat ao vivo real que levou a uma conversão. Preste bastante atenção em como nossa equipe não se beneficia nem um pouco com o que fazemos, quando temos um promissor lead de chat ao vivo. Em vez disso, ela foca marcar uma compromisso com o departamento de vendas e pegar seu número de telefone (veja a Figura 1.1).

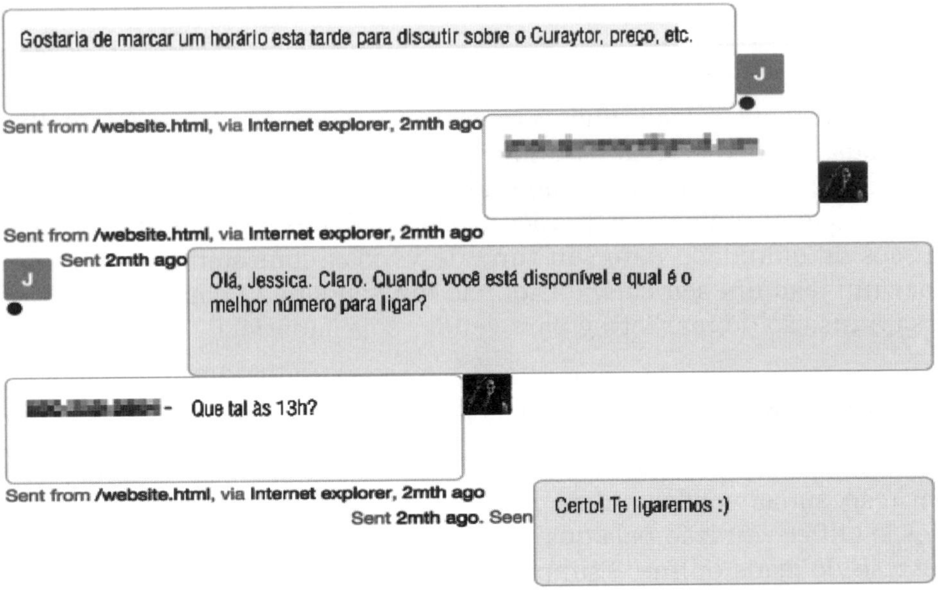

Figura 1.1

A Figura 1.2 mostra outro exemplo do quão promissores podem ser os leads de chat ao vivo.

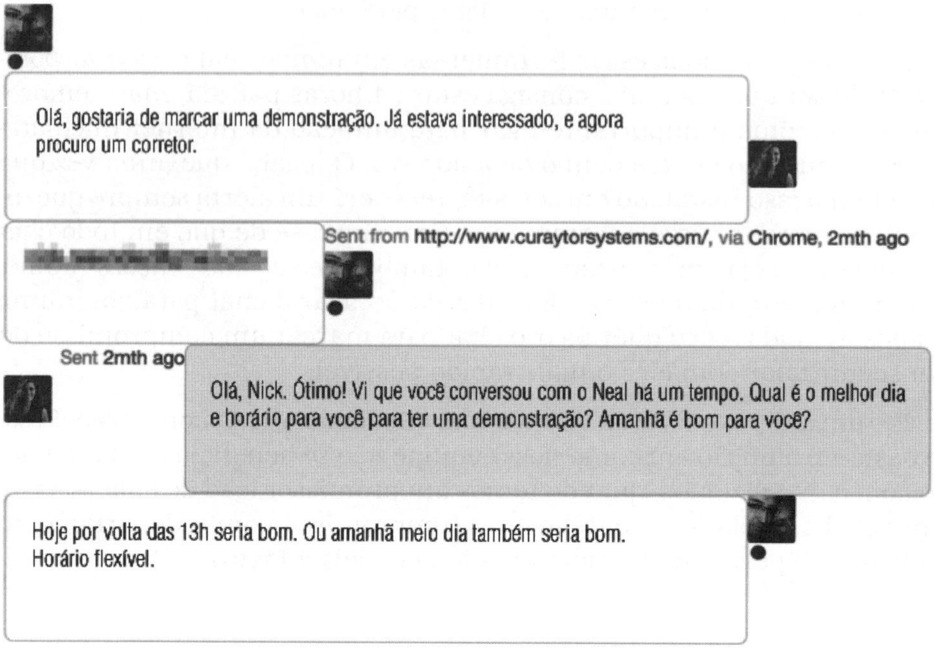

Figura 1.2

Descobri que os leads que usam o chat ao vivo são alguns dos melhores leads. Caso você não os tenha conseguido até agora, aproveite. Se você já instalou o chat, mas não estava usando da maneira correta, descobrirá que, usando essas práticas recomendadas, conseguirá compromissos de qualidade para seu time de vendas consistentemente. Você quer um lead em seu calendário, não em seu site! O chat faz com que essa transição do marketing para vendas seja superfácil.

LANDING PAGES SÃO O NOVO PRETINHO BÁSICO

Em 2003, o departamento de TI da Microsoft inventou as landing pages em resposta às vendas online ruins de seu principal produto de negócios, o Office. A razão pela qual as landing pages são tão eficazes para a geração de leads online é simples: elas possuem apenas UM propósito. Compare isso com seu site ou blog, que pode ter dúzias de opções de navegações ou categorias para escolher, e poderá ver o porquê de anunciantes profissionais usarem landing pages quando dinheiro é importante e o retorno sobre o investimento é obrigatório.

Veja como a Wikipédia define landing pages (e o porquê de termos todos que agradecer aos caras de TI da Microsoft por inventá-las):

> *Uma landing page, às vezes conhecida como "página de captura de leads", é uma única página da web que aparece em resposta a um clique em um resultado de mecanismo de pesquisa otimizado ou um anúncio online. A landing page geralmente vai mostrar texto de vendas direcionado, que é uma extensão lógica da propaganda, resultados de pesquisa ou link. As landing pages geralmente são vinculadas à mídia social, campanhas de e-mail ou de marketing de mecanismos de pesquisa para aumentar a eficácia dos anúncios.*
>
> *O objetivo geral de uma landing page é converter visitantes do site em vendas ou leads.*
>
> *Se o objetivo for obter um lead, a landing page incluirá alguns métodos para que o visitante entre em contato, geralmente por meio de um telefone ou formulário.*

Esta é a parte que a sinopse do *Código de Conversão* foca e que pode conseguir leads e compromissos para você hoje: "As landing pages geralmente estão vinculadas à mídia social, campanhas de e-mail".

Ao contrário do tráfego que o Google pode fornecer por meio de SEO e SEM, em que a "pré-visualização" do anúncio ou link é bastante textual, a mídia social e o e-mail marketing permitem que você seja bem visual e descritivo acerca do que vende, ANTES de o usuário clicar, o que pode aumentar drasticamente a taxa de conversão da landing page para a qual o envia.

Vou me aprofundar ainda mais nas estratégias de landing page de anúncios do Facebook e e-mail marketing nas páginas 19 e 48.

Mas, antes que você comece a enviar pessoas para suas landing pages, assim como fizemos com o design de seu site e experiência de usuário, precisamos limpar as landing pages que talvez já tenha. É mais provável que precise recomeçar e criar landing pages novas e otimizadas que capturem os nomes, telefones e endereços de e-mail de leads todos os dias. Veja como.

Há muitas práticas recomendadas comprovadas de design de uma landing page sobre as quais falarei mais à frente. Tenha em mente que, mesmo que você não tenha nenhuma habilidade de design ou técnica, há algumas empresas bem legais, como LeadPages, Instapage ou Unbounce, que permitem criar landing pages baratas (ou gratuitas) com apenas alguns cliques. Certifique-se de procurar os temas existentes por palavra-chave, como "imobiliária", para encontrar designs pré-construídos centrados no setor.

Mesmo o SumoMe (que mencionei antes como um ótimo conjunto de plug-ins de sites) criou algo chamado Welcome Mat, que é basicamente uma landing page que fica no topo de uma postagem de um blog ou na página de seu site onde alguém está (colocando o conteúdo "na parte inferior"). Essa tecnologia transforma praticamente qualquer página de um site em uma landing page, instantaneamente. Para resumir? Todos os penduricalhos do mundo em um site não converterão melhor do que uma landing page única, focada e bem desenhada.

MENTALIDADE DE MARKETING DE MICRO-ONDAS

As pessoas costumavam se sentar e assistir a comerciais de dois minutos e, acredite se quiser, não podiam avançá-los. Elas ouviam rádio e, se houvesse algum anúncio, só podiam mudar de uma estação para outra com mais anúncios. Hoje, graças aos nossos telefones, relógios e vício em mídia social, nossa atenção está por todo lado, o que significa que não fica em lugar algum por muito tempo. Na verdade, estudos recentes dizem que você tem oito segundos para capturar a atenção de alguém, antes que a pessoa mude para outra coisa. Isso é quatro segundos a menos do que em 2000 e um segundo a menos do que o tempo de atenção de um peixe dourado.

Como nossos cérebros processam estímulos visuais 60 mil vezes mais rápido do que processam texto, um componente importante no domínio do Código de Conversão é entender que design, não palavras, constrói confiança online. As palavras são importantes, com certeza. Na verdade, copywriting deveria ser uma obsessão para todo negócio que queira ser bem-sucedido na internet. Escrever bem para anúncios do Facebook, e-mails de acompanhamento de leads, tuítes e assim por diante é um novo conjunto de habilidades que a maioria não possui. Mas, se quiser que seu consumidor realmente leia o que você escreve, precisa, na verdade, da mentalidade "imagem é tudo".

A partir do relatório da Silverpop que referenciei em "Como Decifrar o Código de Conversão", que aborda esse dilema de atenção, aprendi que "membros do time de pesquisa estratégica da Silverpop se inscreveram primeiro para receber e-mails de 150 empresas de toda a América do Norte e Reino Unido — 40 empresas B2B e 110 B2C". O time avaliou a qualidade e o desempenho que as landing pages alcançaram depois que usuários clicaram na principal chamada para a ação em e-mails. Essa técnica de fazer com que leads existentes consintam em receber sua comunicação e, então, provem que ainda estão engajados, por meio de uma nova landing page enviada por e-mail de massa, é o que toda empresa deveria usar.

No estudo, eles avaliaram coisas como URLs legíveis, repetição em e-mail e texto de landing page, objetivos de conversão primários, consistência e qualidade do design, posição da principal chamada para a ação, inclusão de barras de navegação, uso de formulários, extensão do texto, uso de subtítulos, títulos e quantidade de links, requisitos e outros. Veja seis descobertas-chave do relatório:

1. "Landing pages de sucesso conseguem atenção rapidamente ao combinar o texto promocional na chamada para a ação do e-mail que gerou o clique. Ainda que 45% das landing pages avaliadas falhassem na repetição de textos promocionais de e-mails na manchete."
2. "Enviar quem clica para uma home page de um site geralmente não cumpre a promessa inerente da chamada para a ação do e-mail. Ainda assim, 17% das campanhas de e-mail levavam os destinatários para lá."
3. "Destinatários podem ser pegos de surpresa quando clicam em um link e vão parar em uma landing page que não contém a mesma aparência do que capturou sua atenção no e-mail. Mas 3 em cada 10 anunciantes arriscaram confundir clientes e prováveis compradores, enviando-os para landing pages que não condiziam com o e-mail."
4. "Muitas perguntas podem fazer com que prováveis consumidores fiquem irritados e frustrados o suficiente para abandonar o processo. Apesar disso, 45% das landing pages que incluem formulários possuíam mais de 10 campos a serem preenchidos."
5. "Mesmo que a presença de uma barra de navegação possa ser uma distração que afasta os visitantes do objetivo primário da conversão, aproximadamente 7 de cada 10 landing pages as incluía."
6. "Escritores profissionais sabem que é muito mais difícil escrever um texto curto do que um longo. Aparentemente, alguns anunciantes estão pegando o caminho mais fácil, já que em 25% das landing pages examinadas pela Silverpop era necessário rolar a página para baixo por mais de duas telas de texto."

Outra grande fonte de conselhos para a otimização de landing pages veio do blog da Kissmetrics, em um post intitulado "Anatomy of a Perfect

Landing Page* (Anatomia de uma Landing Page Perfeita, em tradução livre). E, apesar de iniciarem o post admitindo que, "Ainda que não exista uma fórmula exata para fazer uma landing page", a forma como visualizavam e numeravam os elementos de uma página "perfeita" era precisa.

Estes são os nove elementos-chave identificados pela Kissmetrics que fazem uma landing page perfeita (com minha opinião em cada um):

1. **Manchete**: Faça-a clara, concisa e "casada". A manchete de sua landing page deve ser uma extensão do anúncio, e-mail ou link que trouxe o visitante. Se o que o trouxe à pagina foi uma oferta de "Obtenha o Valor da Sua Casa", ou "E-book Grátis sobre Anúncios do Facebook", você deve, basicamente, repetir isso tão fielmente quanto possível. Lembre-se de que você tem oito segundos (quatro segundos a menos do que tinha há uma década) para manter a atenção da pessoa. Não seja muito prolixo no texto da manchete, ou o restante desta lista não importará mais.

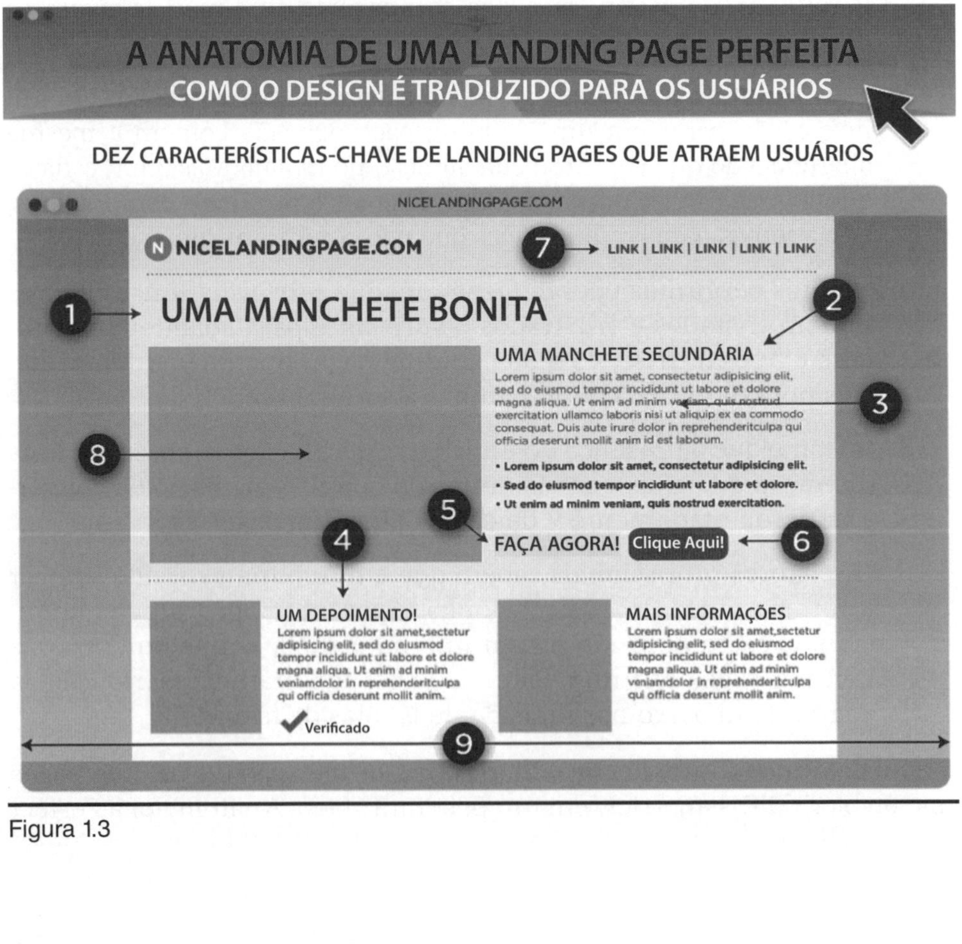

Figura 1.3

2. **Manchete Secundária**: Com a manchete secundária, simplesmente queremos continuar no caminho que a manchete iniciou. Se "Obtenha o Valor da Sua Casa" ou "E-book Grátis sobre Anúncios do Facebook" eram as manchetes, um bom subtítulo seria "Relatório de Valor da Casa Será 100% Preciso a partir da Data de Hoje" ou "27 Anúncios do Facebook que Você Pode Fazer Hoje para Obter Mais Leads".

3. **Descrição**: Certifique-se de verificar muitas vezes toda a gramática, pontuação e ortografia. Isso vale para TODOS os textos que abordo neste livro. Descrições de landing pages, anúncios do Facebook (página 48), postagens de blog (página 21), e-mails e mensagens SMS (página 96) devem ser verificados com um microscópio antes de serem publicados e promovidos. Caso queira que alguém compre de você, ou ao menos atenda ao telefone quando você ligar, as palavras são importantes. Assim como quando você vende pelo telefone e não tem o luxo das dicas visuais, online você pode ter *apenas* as palavras. Então use um bisturi em seu texto, não um machado.

4. **Depoimento**: O objetivo aqui é estabelecer confiança rapidamente. Usando críticas positivas (e um ícone visual legal, perto do depoimento escrito) de sites bem conhecidos e confiáveis, como Yelp, Facebook ou LinkedIn, pode-se realmente ter um impacto. Não é uma prática nova, mas muitas empresas ainda estão angariando as credenciais de BBB — Better Business Bureau (Escritório de Melhores Negócios), uma organização que estabelece padrões para a conduta empresarial — para críticas de usuários. Mas, mesmo aquelas antigas pistas visuais de "verificado por" ou "confiado por" aumentam as conversões. Quando a empresa de ótica AC Lens começou a usar o VeriSign, viu um aumento de 41% nas conversões. Lembre-se sempre: compramos porque confiamos, e será sempre assim. Construir confiança digital continua sendo a construção de confiança.

5. **Chamada para a ação**: Quando o visitante está pronto, sua chamada para a ação deve ser óbvia, fácil de encontrar, ter a cor certa e conter o texto correto. Evite palavras como "Registre-se" ou "Inscreva-se", e tente algo como "Veja Agora", "Download", "Desbloqueie" ou "Obtenha Acesso Instantâneo". Mozilla, o criador do popular navegador Firefox, aumentou as conversões em 3,6% apenas mudando o botão de "Experimente o Firefox 3" para "Faça o Download Agora — Gratuitamente".[5] As ferramentas de landing page que mencionei anteriormente, como LeadPages e Unbounce, também tornam os testes A/B em landing pages, cores e texto muito fáceis de fazer.

Não tenha medo de experimentar, testar e alterar suas chamadas para a ação frequentemente. Mas, uma vez que você encontrar as que funcionam melhor, fique com elas.

6. **Botão clicável:** Um botão de conversão deve se sobressair e estar perto/abaixo da chamada para a ação, seja acompanhando a mensagem ou reiterando-a palavra por palavra. A Kissmetrics aconselha: "O botão deve ser grande, chamativo e estar acima de onde o usuário teria que rolar até chegar a ele. Botões alaranjados ou amarelos para uma chamada para a ação ajudam a capturar os olhos do observador". Novamente, não há regras universais (o que significa que botões verdes ou vermelhos também podem funcionar bem), mas este é um ótimo fundamento a ser seguido.

7. **Remova os links**: Landing pages possuem um propósito; portanto, não deve haver muitos (se é que algum) links para outras coisas. Isso afastará o visitante, frustrando o propósito de tê-lo lá para capturar suas informações. Algumas vezes você tem que colocar o link de volta para seu site principal ou mesmo para uma página de Termos de Serviço/Políticas de Privacidade, para estar alinhado às orientações do anúncio, mas seja extremamente cauteloso quanto a ter links em suas landing pages. Lembre-se de que este não é seu site. Você não precisa de opções de navegação normais. Você precisa de leads.

8. **Imagem ou vídeo**: Prefiro uma foto "tiro certo" do que uma colagem de imagens. Também não há necessidade de mais texto acima da imagem ou vídeo. Isso pode sobrecarregar o design. Tente pensar em suas imagens ou vídeos para a landing page nesse contexto, mais bem descrito por meu amigo Matthew Shadbolt, do *New York Times*: se alguém estivesse rolando em seu feed de notícias no Facebook e visse sua imagem, a pessoa teria o poder de pará-lo? Discutirei a importância de imagens em anúncios do Facebook (página 52) e postagens de blogs (página 23), mas elas são um elemento muito importante para suas landing pages (e site). Se você precisar de fotos que não sejam superelegantes, visite as seções isentas de direitos autorais e para uso comercial da StockUp, Pexels e ShutterStock.

9. **Fique acima da dobra**: Considerando que muitas pessoas que visitam suas landing pages estarão em um dispositivo móvel (você tem apenas oito segundos para manter a atenção delas, não impor-

ta qual dispositivo estejam usando), você deve maximizar o que aparece acima da dobra de sua landing page. "Acima da dobra" significa o que elas podem ver e com o que podem interagir sem rolar a página. Há tempo e lugar para landing pages com formulários longos com uma tonelada de textos de vendas (mesmo landing pages com várias páginas), mas, de modo geral, deve-se ter a mentalidade "acima da dobra".

Uma das minhas partes favoritas do LeadPages é que você pode separar todas as suas landing pages por taxa de conversão. Você consegue aplicar praticamente as lições que outros aprenderam sem primeiro criar uma landing page ineficaz por conta própria. Escolha um dos modelos de maior desempenho de sua área e edite-o rapidamente para torná-lo seu. Isso não garante que você terá sucesso, mas treino e "big data" podem ser bastante úteis aqui. Você descobrirá que muitos dos que têm o melhor desempenho seguem a maioria (se não todos) desses nove elementos-chave.

Se quiser passar algumas horas aprendendo mais sobre como pequenas mudanças no design do site, landing pages, chamadas para a ação, botões, imagens e copywriting podem impactar as taxas de conversão de leads, recomendo examinar o site WhichTestWon.com. Eles possuem centenas de testes A/B com os quais pode aprender. Você consegue inclusive, como diz o nome, adivinhar qual variante venceu. Você ficará surpreso com a frequência com que o teste que pensa que venceu, na verdade, perdeu.

OBTENHA O MÁXIMO DE SEU SITE E LANDING PAGES REDIRECIONANDO OS VISITANTES QUE NÃO SE CONVERTERAM

Até mesmo os melhores sites e landing pages do mundo, com todos os widgets bem posicionados, não converterão todos os visitantes em lead. Por sorte, você pode "redirecionar" os que visitam e não se convertem. Quando entrevistei o CEO da AdStage, Sahil Jain, ele chamou isso de "marcar o tubarão". Você não pode pegar todos os tubarões em seu anzol e observá-los em um barco, mas pode ao menos marcar a maioria deles para observar ao longo do tempo. O redirecionamento online é bem parecido. Todo visitante que não se torna um lead pode começar a ver imediatamente seus anúncios no Facebook, pela web e em aplicativos móveis. Isso pode transformar seu site em uma relação, em um mundo no qual a maioria dos sites tem um romance passageiro com seus visitantes. Se eles não fecharem na primeira tentativa, nunca ligarão de volta. GRANDE erro.

Nos próximos capítulos, discutiremos várias estratégias e táticas que levarão tráfego gratuito e pago ao seu site. Muitas dicas que você já aprendeu podem fazer com que tenha uma taxa de conversão bem alta, mas quase nunca será mais alta do que a taxa de visitantes que não se convertem. Muitas landing pages que você construirá e usará capturarão menos de 90% das pessoas que o visitam. Um estudo da Marketing Sherpa revelou que as médias de conversão das landing pages estavam entre 5 e 11%, quando ligadas a uma landing page por uma oferta gratuita ou paga via e-mail.[6] A taxa de conversão dos anúncios do Facebook e do Google podem ser ainda menores. É por isso que seguir aqueles que não se convertem tão rapidamente é uma obrigação. Eles demonstraram interesse ao visitar sua "loja" — apenas não completaram um formulário ou contataram você. O redirecionamento permite que você mova seus anúncios na frente deles em tempo real, enquanto continuam "fazendo compras" online. Se você já esteve na Amazon procurando um produto e, logo depois disso, o viu em um anúncio em seu feed de notícias no Facebook, você vivenciou o redirecionamento.

Você também pode usar uma ferramenta profissional mais avançada, como a Driftrock, para que seu banco de dados e sua lista de e-mails inteiros também sejam "redirecionados" quase que em tempo real. Imagine um corretor de imóveis obtendo um lead da Zillow que vai para o CRM dele automaticamente e, então, esse lead visse um anúncio do corretor, ou uma casa parecida, na próxima vez que entrasse no Facebook ou visitasse a CNN.com.

O redirecionamento funciona rastreando cookies, pixels, números de telefone ou e-mails. Atualmente, usamos o rastreamento de pixel nativo do Facebook para anúncios de redirecionamento em feeds de notícias, web e dispositivos móveis, e também usamos AdRoll para redirecionar pela web. Na Parte Dois, vou mais a fundo no uso do redirecionamento como ferramenta de acompanhamento e marcação de compromissos com um lead.

Agora você sabe por que o aconselhei a *intencionalmente* começar o Código de Conversão limpando sua "casa" online (site e landing pages), antes de pedir "companhia" (tráfego e leads). Com um design que converte, landing pages que capturam e redirecionamento funcionando a mil, agora o ensinarei a escrever um post de blog perfeito, otimizado para mecanismos de pesquisa, mídia social e geração de leads.

Capítulo 2

Escrevendo o Post Perfeito em um Blog

Antes de mergulhar nas questões da otimização de seu conteúdo, no Capítulo 3, quero começar com a importância de otimizar a estrutura do conteúdo. Quando você cria conteúdo online, o formato é importante. No Capítulo 1, discuti como formatar seus sites e landing pages para a geração máxima de leads. Agora, precisamos preencher o site com conteúdo. A maneira mais fácil de fazer isso é usando um blog.

Deixe-me explicar direito, antes de começar a dar dicas de edição de blogs. Sou fã de negócios, não de edição de blogs. Mas posso afirmar, por causa da minha jornada e das minhas próprias experiências, que estatísticas como "anunciantes que priorizaram os blogs têm 13 vezes mais chances de obter retorno positivo sobre o investimento"[1] e "79% das empresas que possuem um blog reportam um retorno positivo sobre o investimento por inbound marketing"[2] são verdadeiras.

Quanto mais conteúdo eu criei, mais dinheiro ganhei. Ponto. E mesmo na nossa base de clientes da Curaytor, o "retorno sobre o investimento" e a felicidade de nossos clientes, que pagam dezenas de milhares de dólares por nossa ajuda, geralmente aparecem na vontade e na capacidade de executar nossa estratégia de edição de blog.

Se você tem 100% de certeza de que NÃO fará um blog, considere seguir o que aconselhamos aos nossos clientes da Curaytor. Contrate alguém para fazê-lo! Contratamos um jornalista profissional (Paul Hagey) na Curaytor e o retorno sobre o investimento foi tremendo. Geralmente, blogueiros, jornalistas e escritores são muito subestimados e pouco valorizados financeiramente. Então, os supervalorizamos e pagamos muito a eles. Os resultados falam por si mesmos. Se você não conhecer alguém localmente, tente usar o 99 Freelas ou Trampos.co para encontrar ajuda na criação de conteúdo de qualidade. Mesmo que você não tenha um grande orçamento, esses sites oferecem a possibilidade de contratar pessoas apenas para serviços, não em tempo integral.

Seja assumindo o comando do blog ou terceirizando-o, você quer que ele obtenha o máximo de todo post que publica. Então, vamos ver como é um post de blog "perfeito".

Buffer, uma ferramenta de calendário de mídia social usada por milhões de pessoas, recentemente identificou vários elementos essenciais de um post, em um artigo chamado "The Anatomy of a Perfect Blog Post"[3] (A Anatomia do Post Perfeito de Blog, em tradução livre). Veja os que achei que eram os mais importantes da lista:

MANCHETE

São as palavras mais importantes. Buffer e Copyblogger (duas grandes fontes que recomendo muito) identificaram que aproximadamente oito em cada dez pessoas lerão uma manchete, enquanto somente duas de dez lerão o restante. Sua habilidade de "convertê-las" para se aprofundarem estará diretamente ligada à sua habilidade de escrever ótimas manchetes. Eu geralmente passo mais tempo nela do que no post. Fico pensando constantemente em manchetes e as adicionando ao modo rascunho do meu blog para trabalhar mais nelas posteriormente. Quando não consigo progredir, escrevo o artigo inteiro e o edito, e geralmente ao final desse processo eu sei qual manchete faz mais sentido.

Buffer também forneceu ótimas estratégias de manchetes que são "apoiadas pela psicologia". Leia estes exemplos e me diga se você reconhece algum desses estilos em alguns dos sites mais concorridos de hoje:

Surpresa: "Este Não É um Post Perfeito de um Blog (Mas Poderia Ter Sido)"
Perguntas: "Você Sabe Como Criar um Post Perfeito para um Blog?"
Lacuna de Curiosidade: "Dez Ingredientes em um Post Perfeito de um Blog. A Número 9 é Impossível!"
Negativas: "Nunca Mais Escreva um Post Entediante em um Blog"
Como Fazer: "Como Criar um Post Perfeito para um Blog"
Números: "Dez Dicas para Criar um Post Perfeito para um Blog"
Referência ao Público: "Para Pessoas que Querem Escrever o Post Perfeito para um Blog"
Especificidade: "O Processo de Seis Partes para Duplicar o Tráfego em Seu Post no Blog"

GANCHO DE STORYTELLING

Uma vez que você tenha conseguido escrever a manchete, o storytelling é uma necessidade. Na verdade, quando Alex Turnbull e o time da Groove HQ testaram introduções para seus posts, descobriram que o storytelling levou 296% a mais de pessoas lerem a página inteira e 521% de aumento no tempo médio na página do que um post sem storytelling.[4] O que querem dizer com storytelling?

Em vez de começar um post com "Aqui estão os melhores aplicativos de iPad para corretores de imóveis", a versão com storytelling começaria mais ou menos assim: "Depois de uma semana cheia trabalhando com clientes em seu PC, a corretora de imóveis Susie Smith foi para a loja da Apple na semana passada. Ela havia percebido que cada vez mais clientes usavam o iPad para procurar casas à venda e não queria ficar para trás. Seu laptop era ridículo. Susie me ligou quando chegou do trabalho, porque queria ter certeza de que havia carregado seu novo brinquedo com os melhores aplicativos para corretores de imóveis. Estes foram os aplicativos que recomendei a Susie que fizesse o download na mesma hora. Pensei que você também fosse gostar da lista."

A diferença de um blog com ou sem storytelling é óbvia e impactante.

MENOS CARACTERES POR LINHA NO INÍCIO

Quando um visitante online clica para ler seu blog, um bloco de texto gigante como primeira impressão pode ser opressivo. Tente espaçar a introdução. Usando o exemplo a seguir, eu o teria formatado da seguinte maneira para acalmar o leitor com menos caracteres por linha no início:

"Depois de uma semana cheia trabalhando com clientes em seu PC, a corretora de imóveis Susie Smith foi para a loja da Apple na semana passada.

Ela havia percebido que cada vez mais clientes usavam o iPad para procurar casas à venda e não queria ficar para trás.

Seu laptop era ridículo. Susie me ligou quando chegou do trabalho porque queria ter certeza de que havia carregado seu novo brinquedo com os melhores aplicativos para corretores de imóveis.

Estes foram os aplicativos que recomendei a Susie que fizesse o download na mesma hora. Pensei que você também fosse gostar da lista."

Compare essa forma com aquela de texto em um bloco volumoso. É uma grande diferença! Você pode perceber como a versão espaçada não fica tão desgastante.

Eu também estenderia esses poucos caracteres no início, formatando a ideologia às suas mensagens de e-mail marketing (mais na página 91).

IMAGEM EM DESTAQUE

Você deve ter ao menos uma imagem incrível em seu post. Considere estes dados recentes sobre o impacto das imagens em comunicados da imprensa do Blog PRWEB: "Comunicados sem imagens tinham uma média de tempo na página de 2min18s. No entanto, os que continham imagens tinham uma média de tempo na página de 2min47s".[5] Isso é um aumento de 21% no tempo passado na página por foto adicionada. Sem truques.

Adicionar uma imagem a cada parte do conteúdo claramente ajuda, mas vamos ver o que acontece quando você expande essa abordagem de primeiro a imagem para todo o seu site.

O BuildZoom (um mercado para localizar empreiteiros) viu resultados ainda melhores quando adicionou uma imagem em cada página de seu site. Eles também compartilharam os resultados no artigo precedente, descobrindo que "o tempo no site aumentou inesperadamente em cerca de 150%, de uma média de 1 minuto para 2,5 minutos por visitante".[6]

Esses são aumentos ENORMES no tempo na página e no site, dando a você uma chance maior de engajar ou capturar um lead, apenas adicionando ótimas imagens ao seu conteúdo.

Dica de profissional: Há muitos estoques de imagens de uso gratuito por aí, onde você pode encontrar imagens ótimas para seus posts. Na Curaytor, usamos StockUp e Pexels.

O PONTO IDEAL DE MAIS DE 1.500 PALAVRAS

SerpIQ e Medium anunciaram alguns dados fascinantes e úteis sobre a extensão que um post de blog deve ter. Eles descobriram que conteúdos mais longos se davam melhor *tanto* em mecanismos de pesquisa *quanto* em mídia social.

O conteúdo que aparece na primeira página do Google tem, em média, 2 mil palavras! Você também pode ver como o ranking de 1 a 10 foi quase diretamente proporcional à extensão do conteúdo.

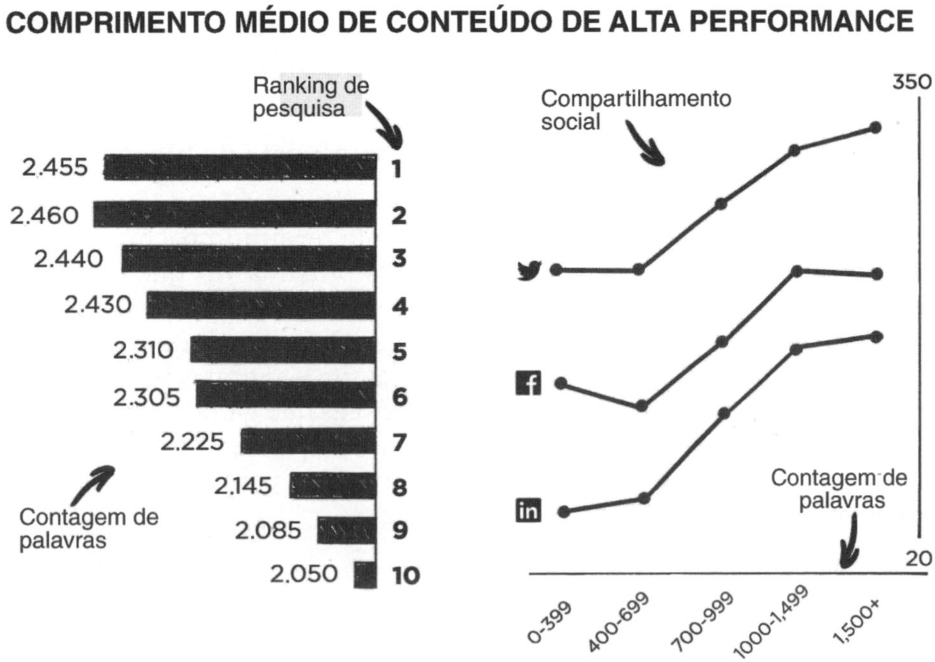

Figura 2.1 Comprimento Médio de Conteúdo de Alta Performance

No compartilhamento de mídia social, pode-se pensar que um post deve ser curto e agradável para ser compartilhado. Errado. Veja como o aumento da contagem de palavras se correlaciona com o aumento de compartilhamentos no Facebook, Twitter e LinkedIn.

Medium, uma plataforma popular de edição de blog, do cofundador do Twitter, Ev Williams, também descobriu que o "ponto certo" para seus leitores era cerca de sete minutos (o que equivale a cerca de 1.600 palavras).

SOUNDBITES PARA COMPARTILHAMENTO SOCIAL

Depois de terminar seu post, quais são os gracejos ou "soundbites" dele que seriam mais compartilhados socialmente? Certifique-se de que isso seja destacado no post. Com frequência, blogueiros esperam até o fim de um artigo para posicionar suas chamadas para a ação de compartilhamento social. Ao destacar as melhores partes de seu post logo no começo, você verá um aumento instantâneo na viralidade. ClickToTweet.com (ou CoSchedule.com, se você estiver usando o WordPress) fazem com que a adição desses soundbites ou chamadas para a ação sociais seja simples.

AGORA VOCÊ ESTÁ CRIANDO UM CONTEÚDO QUE ESTÁ *PRONTO* PARA SER OTIMIZADO PARA GERAÇÃO DE LEADS, MÍDIA SOCIAL E MECANISMOS DE PESQUISA

Bônus: Precisa de alguma inspiração para posts de blogs?

Agora que você entende como criar o post de blog perfeito, e uma vez que vir como "fazer corretamente" pode realmente ter um impacto, provavelmente vai querer começar a blogar mais. Da próxima vez que disser a si mesmo que não tem tempo para um blog, lembre-se de que você não está dedicando um tempo para a geração e conversão de leads. Em um mundo perfeito, você poderia simplesmente criar um site e algumas landing pages e nunca atualizá-los. Mas, no mundo real, os sites que ganham MAIS tráfego e leads são os que enfatizam o blog. Além disso, por sempre ter conteúdo novo em seu blog, você também tem mais munição para seus anúncios do Facebook e campanhas de e-mail marketing.

Escrever online e offline não é tão diferente. Você ainda terá bloqueio/fadiga de escritor. Então, com isso em mente, aqui está uma lista de ideias para posts que podem ser aplicadas em qualquer setor (você pode ver a lista completa de 50 na OptinMonster):[8]

Quais são algumas das perguntas comuns que as pessoas fazem quando enviam e-mail para você?
Qual é a sua notícia preferida sobre o setor que viu recentemente?
Há algo que o frustrou recentemente? Fale sobre isso.
Crie uma lista das dez principais coisas que você gostaria que soubesse quando começou.
Fale sobre uma apresentação recente que fez.
Você descobriu um jeito de economizar algumas horas por semana?
O que você recomendaria que seus clientes fizessem nas primeiras semanas?
Há um líder ou influenciador do ramo que você possa entrevistar?
Você usou recentemente alguma ferramenta ou aplicativo novo que ajudou a melhorar seu fluxo de trabalho?
Sobre o que você é apaixonado em seu ramo?
Que coisas você examina para determinar a qualidade em seu ramo?
Você mudou a forma de trabalho ao longo dos anos?
O que é o uso criativo do produto?
Faça um post Mito versus Fato.

Agora que seu site e suas landing pages estão otimizados e seus posts no blog, aperfeiçoados, certifique-se de também estar otimizando o conteúdo para geração de leads, mídia social e mecanismos de pesquisa.

Capítulo 3

Otimizando Seu Conteúdo para Geração de Leads, Mídia Social e Mecanismos de Pesquisa

Como você aprendeu no Capítulo 1, o design é muito importante ao gerar leads online.

No Capítulo 2, você aprendeu como construir o "post perfeito em um blog".

Agora você tem um site, landing pages e conteúdo excelentes.

Otimizar esse conteúdo para a geração de leads, mídia social e mecanismos de pesquisa também é importante para dominar o Código de Conversão, assim como um passo frequentemente ignorado mesmo pelo mais experiente anunciante digital.

Lembre-se, queremos que os convidados de nossos jantares tenham a ***melhor experiência possível***. Não que apenas se divirtam.

Há coisas muito específicas que você pode fazer para tornar seus posts no blog e conteúdos de mídia social tão "virais" quanto possível. Quando uso o termo "viral", não estou me referindo a um gato carrancudo ou ao vídeo Charlie Bit My Finger (O Charlie Mordeu Meu Dedo) no YouTube. Otimização viral é a arte de arquitetar seu conteúdo para que ele vá o mais longe possível e gere o máximo possível de leads.

OTIMIZANDO SEU CONTEÚDO PARA GERAÇÃO DE LEADS

Primeiro, vamos focar a parte mais importante. Porque, mesmo que você "seja encontrado" no Google, instale todos os plug-ins certos de captura de leads e construa seu conteúdo para compartilhamento social perfeitamente, ainda não há garantias de que capturará o máximo possível de leads. É necessário primeiro otimizar seu conteúdo para geração de leads ao adicionar "ímãs de leads".

O que é um ímã de lead? Basicamente, é uma coisa tão valiosa que alguém daria seu nome, telefone e e-mail para ter acesso. Você não quer fazer as pessoas se registrarem para ter acesso ao seu site em geral, mas quer forçá-las a se registrarem para acessar algumas partes ou "extras". A maioria dos seus ímãs de leads ficará em uma landing page na forma de um formulário de consentimento para "acessar X instantaneamente". Você quer ter certeza de que, quando alguém completar o pedido, obterá o que pediu imediatamente e pegará logo as informações da pessoa.

Se você está se perguntando como pode transformar um blog em um direcionador de negócios, ímãs de leads são parte da resposta. Com ajuda da Digital Marketer,[1] veja nove exemplos de ímãs de leads (e o que acho de cada um) que podem ser aplicados a qualquer landing page de qualquer modelo de negócios.

1. **Guia/relatório/e-book**: Ao criar um guia, relatório ou e-book, há muito mais dinheiro envolvido do que em um blog. Tirar um tempo para construir o "Guia Definitivo para Anúncios do Facebook" ou um "E-book Grátis sobre a Geração de Leads em Mídia Social" pode aumentar suas conversões e sua lista de e-mails, em comparação com um post em blog de teor similar. O e-book nem precisa estar na Amazon ou iBooks. Você pode simplesmente colocá-lo na web como um PDF e entregá-lo por e-mail, SMS ou redirecionamento de URL após o registro.

2. **Folha de cola/apostila/lista**: Há TANTO conteúdo online que fazer o download de uma simples "folha de cola" pode ser um ângulo atraente. Você pode obter sucesso ao oferecer algo como uma "Folha de Cola sobre Tamanhos Ideais de Imagens para Mídia Social" ou uma "Lista de A–Z de Anúncios do Facebook para Capturar Leads Hoje". Em que tipo de folha de cola os consumidores que você visa teriam interesse? Nossos clientes imobiliários descobriram que uma "Lista Completa de Casas Abertas Neste Final de Semana" captura milhares de e-mails para eles.

3. **Conjunto de ferramentas/lista de recursos**: Se você estivesse comprando uma casa, provavelmente acabaria usando vários sites, como OLX e ZAP Imóveis. Mas há centenas de outros ótimos

sites que os consumidores não conhecem. Assim, "37 Sites Incríveis que Você Pode Usar para Encontrar Sua Próxima Casa" seria um exemplo de uma excelente lista de recursos a ser oferecida.

4. **Treinamento por vídeo/webinar**: Para mim, o vídeo é o rei das conversões. O vídeo deu aos nossos leads a chance de realmente conhecer a mim, o que vendemos e a cultura da nossa empresa, antes mesmo de nosso time de vendas ligar para eles. Nem todo mundo fica bem em vídeo, mas há muito mais valor em um vídeo ou um webinar do que em um texto. O vídeo se tornou tão importante que recomendo que você encontre maneiras de implementá-lo, mesmo que não fique bem na frente das câmeras. Tente usar gravações de tela com ScreenFlow ou Camtasia. Você pode até fazer e editar seus próprios vídeos usando aplicativos de dispositivos móveis simples, como Animoto, Replay Video Editor ou iMovie. Como exemplo, um post intitulado "Assista Instantaneamente: Curso de Domínio de Anúncios do Facebook" ou "Responda, Por Favor: Webinar sobre Anúncios do Facebook" o ajudarão não somente a capturar mais leads, mas também atingir um novo tipo de lead que prefere vídeo a texto.

5. **Software/teste grátis**: Quando trabalhei para a DotLoop, usávamos o modelo freemium como um ímã de leads. Você pode usar nosso software básico (porém incrível) "gratuitamente" (em troca de suas informações). Então, nosso time de vendas pode ligar para você para vender componentes adicionais que a versão gratuita não inclui. Você também pode fornecer uma versão gratuita do que quer que faça, mas limite o tempo que a pessoa pode acessar o teste. Evernote e Dropbox são empresas populares que usam uma versão de teste como ímã de lead (deve funcionar — tenho a versão paga dos dois).

6. **Desconto**: "Quer economizar? Crie uma conta agora e ganhe 20% de desconto!" Você provavelmente já viu bastante disso. É porque funciona. Pessoas adoram negócios. Outra técnica que você frequentemente verá em sites de comércio eletrônico é que pode "ver os preços no carrinho". Por mais óbvio que sejam um ímã de leads e uma chamada para a ação como um código promocional, fico abismado como as empresas não usam isso com mais frequência.

7. **Quiz/pesquisa**: Talvez você tenha visto em seu newsfeed algo como "Você é um bebê dos anos 80?" ou "Descubra com qual celebridade você se casaria!". Essa "quizificação" do conteúdo é inteligente e chamativa porque há um retorno imediato (você consegue ver o resultado e compartilhá-lo com seus amigos). Você pode usar um site como TryInteract.com ou PlayBuzz.com, que permitem criar seu quiz personalizado.

8. **Avaliação/teste**: O que eu amo sobre os "testes" é o fato de conseguir acessar um público que *não* entrará em contato com você, mas que quer ao menos ver se deveria. "Faça esse teste para ver se posso ajudá-lo" versus "NÃO CONHECEMOS VOCÊ, MAS PODEMOS AJUDÁ-LO!". Grande diferença. Na Curaytor, passamos muito tempo desenvolvendo uma autoauditoria de nove passos para possíveis clientes preencherem, avaliarem o próprio trabalho e nos dar uma ideia sobre se seríamos uma boa opção. As pessoas ficam fascinadas ao poder comparar seus pontos com os de outras pessoas. Tony Robbins usa um perfil em disco para acessar possíveis contratações e também o fornece online. Ele conseguiu provavelmente centenas de milhares de assinantes por fazer isso.

9. **Informações de venda adicionais**: Se o preço do que você vende não está no site, essa pode ser uma das mais poderosas razões para um "saiba mais" ou "obtenha o preço". Crie certo mistério e peça que forneçam as informações antes de ver o preço e a disponibilidade. Isso pode funcionar muito bem se você fornecer um vídeo com o preço no final. Geramos milhares de leads e vendas ao oferecer um vídeo de demonstração de oito minutos como um ímã de lead.

Não pense muito sobre quais devem ou podem ser seus ímãs de lead.

No mercado imobiliário, os melhores ímãs de leads são as listas e os relatórios de valor de imóveis. Essas duas coisas *sempre* foram ímãs de leads para o ramo. Mas antes da internet eles eram impressos e ficavam pendurados como cenouras.

Se você vende empréstimos, o melhor ímã talvez seja acessar os juros do dia ou calcular seu novo pagamento mínimo. No passado, os leads tinham que telefonar para obter essas informações. Seguindo adiante, eles podem fazer o download de um aplicativo ou completar um formulário online para conseguir as informações. De qualquer forma, ocorreu uma conversão.

Uma vez que você tenha esses ímãs estabelecidos para seu negócio, há dois últimos passos para certificar-se de que eles sejam usados o mais frequentemente possível.

Primeiro, você tem que incluir seus ímãs no design do site. Seu menu, cabeçalho, rodapé e mensagens pop-up podem incluir links para esses ímãs/landing pages. Em segundo lugar, você deve certificar-se de que *todos* os seus posts tenham ímãs inseridos. Na verdade, acho que simplesmente adicionar um ou dois ímãs de lead (não exagere) no texto que escrevo é uma ótima estratégia e ela consegue leads constantemente.

Por exemplo, se eu publicasse um post intitulado "3 Dicas Rápidas para o Facebook que Você Pode Usar Hoje!", incluiria um ímã mais ou menos como "Você Também Pode Fazer o Download de Nossa Folha de Cola Completa sobre Marketing no Facebook" para fechar o post do blog. Você quer que todo artigo publicado e promovido tenha essas "armadilhas"/links no texto. É por isso que é importante ter uma dúzia ou mais de ímãs. Assim, você pode incluir um que seja relevante sempre que publicar novo conteúdo.

Uma vez que você estabeleça ímãs, tenha certeza de continuar adicionando novos e não se restrinja à quantidade de landing pages e ofertas que possui. É por isso que, de acordo com dados de benchmark do Hubpost, a partir de mais de sete mil negócios, "os sites de negócios com 10 a 15 landing pages aumenta a conversão em 55% a mais do que sites com menos de 10 landing pages. E os que possuem 40 landing pages aumentam a conversão em 400%". Mais ângulos, mais ofertas, mais ideias e mais ímãs nas landing pages significam mais leads e conversões.

OTIMIZANDO SEU CONTEÚDO PARA MÍDIA SOCIAL

Otimizar seu conteúdo para mídia social é outra parte importante do código. Enquanto a otimização de geração de leads trata de garantir que seu conteúdo seja importante para pessoas e a otimização dos mecanismos de pesquisa acalma os algoritmos que classificam páginas, a otimização de mídia social é uma mistura dos dois. Você tem o apelo da mente humana e das máquinas que determinam quão visíveis seus posts ficarão. Por sorte, há algumas coisas em comum no que os dois grupos gostam.

Vamos começar com a importância dos elementos visuais ao otimizar seu conteúdo para mídia social.

A Software Advice uniu-se à Adobe para realizar a primeira "Social Media Content Optimization Survey"[2] (Pesquisa de Otimização de Conteúdo para Mídia Social, em tradução livre). Eles queriam "entender melhor quais táticas os anunciantes usam para otimizar o conteúdo de mídia social". As descobertas-chave da pesquisa revelaram as melhores táticas usadas na otimização de conteúdo para mídia social. Estas foram elas, com minha visão sobre por que são tão importantes.

- **Usar imagens e fotos é a tática mais importante para a otimização de conteúdo para mídia social**. Isso não é complicado e é algo que você deve considerar para todo post em qualquer mídia social. Na verdade, com esse tipo de conteúdo, você precisa da mentalidade "imagem é tudo". Não lemos nossos feeds — passamos os olhos por eles. É *muito* mais fácil chamar a atenção de alguém em uma newsfeed cheia ou em uma stream do Twitter com imagens do que com texto puro. Por exemplo, se você estiver compartilhando o link de um post de um blog no Facebook, Twitter ou LinkedIn, certifique-se de que uma imagem *maravilhosa* apareça na newsfeed. Não importa o que ou onde você compartilha, faça *parecer* ótimo. Caso você não o faça, não importa o tempo que passou escrevendo, porque ninguém vai ler. Quando falarmos sobre os anúncios do Facebook (página 50) você ouvirá esse conselho novamente.
- **Uso de hashtags e nomes de usuários específicos ao compartilhar**. O uso de hashtags populares e marcação de usuários importantes da mídia social são as melhores maneiras de otimizar o conteúdo para pesquisa. Você pode usar Hashtracking.com para encontrar hashtags populares e, então, usá-las ao postar no Facebook, Twitter ou Instagram. Isso faz com que seu conteúdo vá além de apenas seus seguidores. Também ajuda usar marcações e menções estrategicamente. Se você compartilhar algo que você acha que outra pessoa também gostaria e pudesse também compartilhar, marque-as no Facebook ou adicione um "cc" no Twitter delas ao final de seu tuíte.
- **Visando grupos ou usuários específicos**: Há uma tonelada de grupos do Facebook, blogs e contas do Twitter que são grandes, ativos e criados em torno de um tópico específico como, ser mãe. Tente encontrar e identificar os administradores desses grupos e contas e, então, crie conteúdo que seria impossível eles não compartilharem com suas comunidades. Você pode usar a barra de pesquisa na parte superior do Facebook e procurar "Grupos sobre X" ou "Grupos assim e assado" para descobrir grupos populares. Ou use Klout.com/explore para encontrar as pessoas mais influentes online, por tópico ou palavra-chave.

Compartilhar é Se Importar (e Funciona)

É claro, grande parte do objetivo dessas dicas de otimização é obter mais cliques. Mas também queremos mais compartilhamentos para que nossas mensagens passem de nosso círculo a outros. Você definitivamente quer ter botões de compartilhamento social em todos os seus posts do blog. A BrightEdge Technologies estudou os principais 10 mil sites em sua "Social-Share Analysis: Tracking Social Adoption and Trends"[3] (Análise do Compartilhamento Social: Acompanhando Aprovação e Tendências Sociais, em tradução livre). Quando se tratou do Twitter, eles analisaram 4 milhões de tuítes e descobriram que "Em média, um site sem um botão de compartilhamento no Twitter era mencionado quatro vezes, enquanto um site com esse botão era mencionado 27 vezes. Incluir um plug-in de botão do Twitter aumentou a menção em quase sete vezes."

Há bem poucas coisas que você pode fazer no marketing para aumentar sete vezes seu desempenho. AddThis e ShareThis são dois ótimos serviços que permitem adicionar compartilhamento social ao seu site em segundos. Eles também permitem personalizar a aparência para combinar com o design do seu site e são otimizados para dispositivos móveis. As próprias redes sociais também fornecem botões "nativos" para Curtir, Compartilhar, Tuitar, Seguir, Inscrever-se e assim por diante. Certifique-se de incluir as melhores opções de compartilhamento social para seu público. Sou a favor de incluir apenas os ícones mais importantes, e não todos os disponíveis. Você pode conseguir milhares de visitantes, visualizações e leads a mais usando essas ferramentas. AddThis e ShareThis fornecem análises detalhadas para que você possa ver como os compartilhamentos estão afetando seu site e a quantidade de seus seguidores.

Seguir essas práticas recomendadas não somente capturam mais leads, mas também ajudam a *converter* mais das relações e leads que você já tem. Descobertas de pesquisas mostram que "otimizar o conteúdo de mídia social é mais eficaz para estimular relações". Isso pode se referir a relacionamentos com clientes existentes ou a leads no estágio intermediário de um funil de vendas. Enquanto o e-mail marketing (discutido na página 95) é o método mais tradicional para aumentar leads, o conteúdo personalizado na mídia social pode ser usado para obter o mesmo resultado.

OTIMIZANDO SEU CONTEÚDO PARA O GOOGLE

Você quer criar um conteúdo de uma maneira que o Google o veja e, então, o posicione o mais alto possível. Honestamente, apenas seguir os direcionamentos do post "perfeito" do último capítulo é meia batalha ganha.

Mas com dicas de marketing do Facebook (página 37) e de e-mail, que aprenderá no código, o legal para anunciantes e vendedores é que você não *precisa* mais do Google ou da otimização do mecanismo de busca para ser bem-sucedido.

Em cada um dos negócios dos quais fiz parte, em que o time de vendas tinha uma infinidade de bons leads para ligar (como você terá ao fim desta parte), a otimização dos mecanismos de busca nunca foi um canal de aquisição primário. Por quê? Porque é geração passiva de leads. É preenchimento de demanda. E é muito mais competitivo e caro do que o Facebook agora. É claro, é bastante favorável que você seja encontrado no Google, mas ainda assim é um processo passivo, pois é previsto na pesquisa ativa do usuário. Geração de demanda, marketing de resposta direta e anúncios em mídia social são o futuro da geração de leads, não SEO.

Não nego que a otimização de mecanismos de busca possa ser ótima para os negócios, mas pode ser um pouco desencorajadora, quase impossível para quem não é técnico. Por exemplo, mesmo que um corretor de imóveis local *dominasse* a otimização de mecanismo de busca e fizesse tudo certo, com toda a mudança que o Google faz, de Penguin para Panda, ainda assim teria muita dificuldade em ser encontrado no Zillow ou Trulia com palavras-chave altamente procuradas e valiosas.

Quando comecei meu primeiro blog, nunca pensei nisso. Apenas escrevia coisas que eu sabia que meu público amaria. Inevitavelmente, muito do que escrevi continha palavras-chave estratégicas. Por exemplo, se eu publicasse um post chamado "Melhores Apps do iPad para Corretores de Imóveis" e, então, promovesse o artigo na minha página do Facebook e na minha lista de e-mails, rapidamente me veria no ranking do Google com as mesmas palavras. Pense nisso.

Quando se trata de otimizar seu conteúdo para pesquisa, não pense muito sobre isso. Mais adiante, eu forneço uma ótima lista que você pode usar como um guia, mas para entendê-la completamente, o "ingrediente secreto" é simplesmente produzir bom conteúdo, chamá-lo do que for, otimizá-lo, promovê-lo em e-mail e socialmente e, então, fazer algumas otimizações e seguir em frente. Quando digo "chamá-lo do que for", me refiro a não ser muito engraçadinho, se quiser ficar em uma posição alta do ranking de SERPs (páginas de resultado de mecanismos de pesquisa). Em meu exemplo anterior, do artigo sobre os aplicativos do iPad, eu poderia ter chamado de "Você AMARÁ Tocar Nesses Incríveis Novos Apps de iPad". Isso poderia ter resultado em alguns compartilhamentos sociais adicionais, devido ao título inteligente, mas a indexação desse post a longo prazo não traria visitantes relevantes pelo Google por anos a fio, como "Melhores Apps do iPad para Corretores de Imóveis" trouxe.

Quick Sprout publicou recentemente "The Ultimate SEO Checklist: 25 Questions to Ask Yourself before Your Next Post"[4] (A Lista Definitiva de Otimização de Mecanismos de Pesquisa: 25 Perguntas para Fazer a Si Mesmo Antes de Seu Próximo Post, em tradução livre). Apesar de valer a pena ler a lista inteira, estes são os itens que listaram como sendo "obrigatórios", com base na eficácia, mas também na facilidade de implementação. Incluí como faço cada um deles:

- **Pesquisa**: Eu uso Google Trends, Google Keyword Planner e SEM Rush para identificar rapidamente quais palavras devo usar como minhas palavras-chave principais. Faço isso imediatamente DEPOIS de ter a ideia para o artigo. Então, se eu estivesse considerando escrever um artigo sobre aplicativos de iPad, essas ferramentas me ajudariam a decidir rapidamente se deveria usar a palavra "aplicativos" ou a palavra "apps", se deveria usar "iPad" ou se deveria usar "tablet" e assim por diante.
- **Links cruzados**: Tento conectar todo o artigo que escrevi a outro artigo que faça parte do mesmo gênero/categoria. Links para o site são importantes para que o Google veja que você é a autoridade em um assunto, não somente alguém que escreveu sobre isso uma vez. Tente colocar os links para artigos relacionados no texto de seus posts e coloque mais especificamente os links para os outros posts nas palavras-chave pelas quais você quer ser classificado.
- **Manchete**: O Google geralmente mostrará os primeiros 55 caracteres de uma manchete. Ela é a marcação primária e também típica da estrutura da URL, assim tem mais peso para a otimização de mecanismos de pesquisa quando você publica um post.
- **Primeiras 100 palavras**: Você acabou de aprender no último capítulo que o storytelling pode REALMENTE aumentar seu tempo no site. Certifique-se de também adicionar palavras-chave em sua "história"

sempre que possível. As primeiras 100 palavras são o que o Google mostrará nas SERPS abaixo do título da página ou do post.

- **Subtítulo**: É aqui que você se aproveita das marcações secundárias e terciárias. Conforme Buffer: "Essas marcações significam que há uma importância no conteúdo, tanto para o leitor quanto para mecanismos de pesquisa. Usamos marcações primárias para nossas manchetes e secundárias e terciárias para subtítulos dentro de cada história... até mesmo negritando-as para fazê-las realmente se destacarem".

O que eu amo sobre as marcações secundárias é que elas são boas para o leitor e para os mecanismos de pesquisa, o que é bem raro. Para o artigo com a manchete "Melhores Apps de iPad para Corretores de Imóveis", o subtítulo/a marcação secundários poderiam ter sido "Ótimos Aplicativos para Dispositivos Móveis que Corretores de Imóveis Podem Baixar Hoje". Agora, em vez de o Google pegar apenas as palavras "melhor", "iPad", e "apps", ele também pode pegar "ótimos", "móveis", "aplicativos" e "baixar". Pense em sinônimos quando fizer isso. Apenas repetir a manchete no subtítulo não é a melhor maneira de chegar ao leitor ou aos mecanismos de pesquisa.

- **Links externos para blogs relacionados**: Em todo post que escrevo, também tento incluir pelo menos um link para outro site que não seja meu. Isso dá ao Google uma ideia melhor de quem você é, quais sites estão relacionados ao seu e quais palavras-chave adicionais ele deve considerar para você.

Não se preocupe em mandar as pessoas embora de seu site (quando isso ocorrer). Quanto mais você enviar pessoas para ótimas fontes adicionais, mais elas voltarão. Além disso, o Google gosta de fazer links para outros lugares *além* de suas outras páginas e posts.

Então, você tem um site e landing pages feitos para a captura de leads. Você já criou alguns posts de blog perfeitos. Seu conteúdo está otimizado para a geração de leads, mídia social e mecanismos de pesquisa. Agora, pode começar a enviar pessoas para seus ativos digitais *com confiança,* sabendo que muitos serão "convertidos".

Capítulo 4

Técnicas Avançadas de Marketing e Anúncio do Facebook que Geram Leads "Prontos para Comprar"

Um componente-chave do Código de Conversão é a mídia social, a qual mais frequentemente me refiro como "Facebook, mais todo o resto". O Facebook tornou-se nossa página principal da internet. Em agosto de 2015, Mark Zuckerberg anunciou que 1 bilhão de pessoas usaram o Facebook no mesmo dia. Pense nisso por um segundo. Uma em cada sete pessoas no mundo estava no mesmo site no mesmo período de 24 horas.

Descobertas publicadas pela parse.ly em julho de 2015 marcaram a primeira vez que o Facebook enviou mais tráfego para sites de notícias do que o Google. De acordo com a *Fortune*: "Os clientes das empresas incluem mais de 400 canais de notícias e mídia, incluindo editores tradicionais, como Wired, The Atlantic, Reuters e The Daily Telegraph, assim como um grande grupo de canais apenas digitais, como Mashable, The Next Web e Business Insider".[1]

De todas as estatísticas poderosas sobre o Facebook que alguém poderia reunir, esse é o ponto da virada, nas palavras de Gladwell. Por quê? Não somente estamos tão viciados no conteúdo criado por nossos amigos e família, que olhamos o Facebook mais do que olhamos nos rostos uns dos outros (já sabíamos disso), mas agora *também* tornamos nossa rede um filtro do conteúdo de outras pessoas e empresas. Não é porque confio mais nos meus amigos do ensino médio do que no Google. É porque, de forma geral, acredito que a minha rede já encontrou tantas coisas interessantes sem eu ter que pesquisar, que começo pelo Facebook, não pelo Google. Eu começo pela confiança. Encontrar é a nova pesquisa. E você pode ter anúncios incríveis no meio desse tecido de confiança e vício estabelecido.

TRÁFEGO DE REFERÊNCIA DO GOOGLE VERSUS FACEBOOK

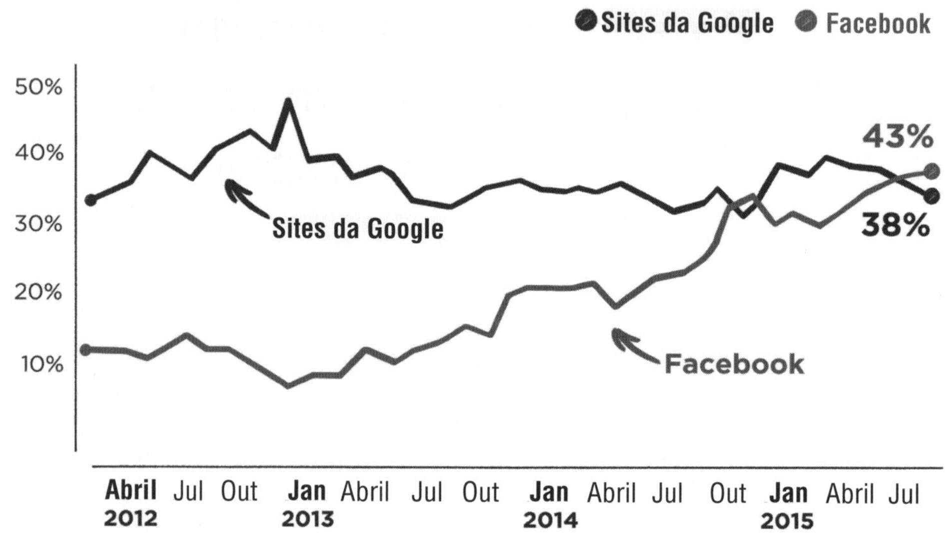

Figura 4.1

Minha filha de 6 anos me diz para "procurar no Facebook" ou "postar no Instagram" o tempo todo. Ela nunca me pediu para "Googlar" alguma coisa ou "abrir" um site. Google, PPC, SEO e as outras redes sociais são importantes. Mas o Facebook é mais.

Ainda assim, apesar dessa evidência esmagadora, ele está sendo muito pouco utilizado como fonte importante, consistente e de qualidade na geração de leads. Quão pouco utilizada? Em fevereiro de 2015, havia apenas 2 milhões de anunciantes no Facebook. Dois bilhões de usuários, dois milhões de anunciantes.

Quando você se aprofunda nos números de anunciantes fazendo o certo, há muito menos competição. Então, neste capítulo do *Código de Conversão,* ensinarei como aproveitar a Nova Internet (Facebook) para capturar leads todos os dias. Começarei com o que você pode fazer hoje, de graça, no Facebook, para gerar leads.

DICAS DE PROFISSIONAL PARA O PERFIL DO FACEBOOK

Mesmo que você nunca anuncie, crie uma página ou administre um grupo no Facebook (ensinarei tudo isso mais à frente), deve, no mínimo, conseguir gerar leads a partir de seu perfil no Facebook.

Autenticidade é importante. As pessoas querem se conectar, não sentir-se alvo de marketing, quando aceitam seu pedido de amizade. Acredite se quiser, sua vida cotidiana deve ser a primeira fonte de inspiração para os conteúdos e atualizações no Facebook. O que você está fazendo de interessante? Agora, você está lendo um livro incrível sobre conversão de leads, por exemplo. Tire uma foto do livro e compartilhe-a no Facebook agora mesmo, com a hashtag #OCódigodeConversão.

Os melhores anunciantes do Facebook são os que querem compartilhar momentos genuínos de suas vidas, os bons e os ruins. Quando se trata de perfis do Facebook, os que ficam escondidos perdem. A consistência é importante. Você tem que ser relativamente interessante diariamente ou muito interessante semanalmente, no mínimo. Você não pode esperar aparecer no Facebook uma vez por mês e compartilhar o que está acontecendo na sua vida e conseguir uma tração ou negócio a partir disso.

Você precisa, primeiro, começar a entender exatamente o que e por que o Facebook coloca no feed de notícias dos usuários. Toda manhã, quando você acorda e verifica o Facebook, não é acidental o que aparece em sua tela. Como a infame fórmula Page Rank da Google, o Facebook também usa um algoritmo altamente complexo, referido como Edge Rank, para determinar o que é visto e o que não é. Se você quer que haja interação com suas atualizações de status, que elas sejam clicadas e que enviem leads para você, é importante que faça com que elas sejam vistas. O algoritmo acerca do porquê os usuários veem o que parece se aplicar igualmente ao que e como você compartilha coisas em perfis e páginas.

Estas são as quatro principais razões pelas quais vemos o que vemos nos nossos feeds de notícias do Facebook:

1. Quão populares são os posts que você criou no passado? Se eles tipicamente obtêm curtidas e comentários, o Facebook lhe dará o benefício da dúvida em seus posts novos.

2. Quão popular foi o post entre as pessoas que o viram? Pense nisso como o Facebook fazendo um teste rápido de seu post com um

pequeno grupo de amigos. Baseado nessas interações iniciais com ele, o Facebook mostra o post com mais ou menos frequência para outros usuários.

3. Quão populares são seus posts com aquela pessoa específica? Essas relações individuais que você constrói no Facebook são importantes. Além de quão populares seus posts são, o Facebook também examina o micronível de popularidade de seus posts com cada um de seus amigos individualmente.

4. De que tipo de post cada usuário específico mais gosta? Eu, pessoalmente, clico em muitos links, então, o Facebook se certifica de que eu receba vários links e artigos em meu feed de notícias. Se você é uma pessoa que "curte" mais check-ins ou fotos, verá mais posts de check-ins e fotos.

Com base nessas descobertas, eis meu conselho para alcançar uma audiência maior: poste coisas muito interessantes e varie os tipos de postagens. Os segmentos de seu público possuem diferentes hábitos e tendências de navegação, por isso, você deve compartilhar alguns posts com fotos, alguns com vídeos, alguns com links e assim por diante. Pode ser que você prefira links ou vídeos, mas o que seus amigos preferem também pesa no que eles verão. O resumo? Seja interessante, consistente e diversifique seus posts.

Onde Você Pode Encontrar Ótimo Conteúdo para Compartilhar Usando seu Perfil do Facebook?

Fora de sua vida pessoal e particular, há algumas maneiras ótimas de encontrar coisas que "valem a pena" ser compartilhadas no Facebook. Estranhamente, o lugar nº 1 para encontrar coisas para compartilhar com minha comunidade no Facebook é o Twitter. Dedicar tempo para criar uma lista do Twitter de repórteres, canais de mídia e blogueiros pode ser ótimo no dia a dia. Pode ser que leve um tempo para construir a lista, mas, uma vez feita, você pode verificá-la o dia todo, todos os dias, em busca de coisas que talvez seus amigos do FB ainda não tenham visto. O Twitter é *muito* mais rápido que o Facebook; então, com frequência, você pode levar as notícias "frescas" do Twitter para o Facebook e ser o primeiro a compartilhar.

Mesmo que você não use o Twitter, o que eu faço é acordar, ler o que amo e, então, compartilhar algo que eu li com aqueles que também amarão. Pode ser um relatório matinal do meu blog preferido, não apenas uma lista do Twitter. A questão é que você já está consumindo conteúdo todos os dias. Apenas comece a compartilhar também.

Três outras ótimas fontes para encontrar conteúdos interessantes e compartilháveis em seu perfil do Facebook são BuzzSumo, Upworthy e ViralNova. Para resumir, você não tem que *criar* conteúdo para ser ótimo no Facebook. Curadoria também funciona. A chave é ser consistente. Se você postar oito ou nove itens altamente engajadores e interessantes de terceiros e, então, postar um de sua própria criação, aqueles que curou ajudarão no número de pessoas que verão seu conteúdo original.

Tempo e Frequência que Obtêm o Máximo Impacto para Seus Posts do Facebook

Além de diversificar o conteúdo que você publica, o tempo e a frequência de compartilhamento também podem ter um impacto significativo em métricas como alcance e engajamento. Set Up a Blog Today publicou um infográfico intitulado "The Science of Posting on Social Media" (A Ciência de Postar em Mídia Social, em tradução livre) em que fornecia práticas recomendadas sobre a frequência e o tempo para todas as redes sociais mais populares.[2] Veja o que eles descobriram que era o "melhor" para o Facebook. Coloco melhor entre aspas porque não há verdades universais. A realidade é que a pessoa que agora é a que tem mais probabilidade de comprar de você pode verificar o Facebook às 3h da manhã e querer clicar apenas em posts com vídeos. Apesar das anomalias que acontecerão, veja os seguintes conselhos:

- Postar uma vez por semana não é suficiente, mas postar mais de uma vez por dia é um pouco irritante (citando um estudo de 2011 da Socialbakers).
- A melhor hora de postar para obter cliques é entre 13h e 16h (faz sentido, pois trabalhamos um pouco, almoçamos e agora podemos verificar o Facebook mais a fundo). Quarta-feira, às 15h, foi a combinação dia/hora de pico.
- A pior hora para postar é no final de semana, antes das 8h e depois das 20h.

A mídia social não é diferente da mídia normal na maneira como as pessoas as olham. Há segmentos no Facebook que são de "pessoas matutinas" (elas provavelmente assistem ao jornal da manhã). Há aquelas que são "corujas" (elas provavelmente assistem ao jornal da noite).

Uma maneira semicientífica que descobri de calcular o *seu* horário de pico para postar é ficar de olho em quantos dos seus amigos estão online no chat naquele momento. Anote os dias e horários de quando esse número está mais alto e mais baixo. Esse pode ser um indicador confiável de quando a maioria das pessoas veria uma atualização.

Obrigado, Chris, Adorei

Há muito poder em usar o nome de alguém ao interagir no Facebook (e na mídia social em geral), mas poucas pessoas o fazem. Quando você se dirige a alguém e usa o nome, fica mais pessoal. Pode ser uma coisa pequena, mas é uma parte importante da lição: todas as pequenas coisas resultam na grande.

Usamos os nomes das pessoas ao nos dirigirmos a elas em quase todo lugar, mas não o fazemos nas mídias sociais. Fazemos isso em cartas, em e-mails e ao telefone. Mas raramente dizemos, ao comentar no Facebook: "Parece que você está se divertindo muito, Steve!" Compare isso com "Parece que vocês estão se divertindo muito!", e você pode sentir a diferença imediatamente.

Outra pequena coisa que faço, que mostra às pessoas que as estou ouvindo e que me importo, é curtir ou responder a todo comentário que alguém faz em meus posts. Se eles deixam um comentário profundo, bem pensado, eu respondo no mesmo estilo. Se deixam um comentário rápido, eu ao menos clico em Curtir; assim eles veem que eu li. O Facebook é como o tênis: é muito chato quando só uma pessoa está jogando.

HBD = WTF

Alguém já tirou um tempo para escrever HBD (Happy Birthday — Feliz Aniversário) em seu mural no seu aniversário? Nossa, obrigado. Você gastou todos esses três caracteres comigo... Quando alguém faz isso comigo, mais três caracteres vêm à minha mente: WTF (What the Fuck — Que Diabos?). Mesmo que o Facebook facilite escrever no mural de alguém no seu aniversário, pense fora da caixa. Centenas de pessoas provavelmente farão a mesma coisa. Quando vejo no Facebook que é o aniversário de alguém, envio um recado escrito à mão (amo usar o Bond.co para isso). Sempre incluo meu telefone e e-mail abaixo da minha assinatura. Repetidamente, recebo um OBRIGADO na mesma hora que a mensagem chega na caixa de entrada deles. Já vi, inclusive, pessoas *postarem* uma foto do cartão que enviei a eles.

Receba Mais Comentários, Agora Mesmo

Vou mostrar um truque de mágica.

Atualize o status do seu Facebook agora. Pergunte a seus amigos: "Quantos Estados você já visitou?"

Há uma boa chance de que, no momento em que terminar este capítulo, seu post terá mais comentários do que qualquer um que você já fez. Não curtidas. Comentários. Que pesam mais em como o Facebook determina o que mostrar em seguida. A razão? Esse post é algo que chamo de "criado para o social". É algo que qualquer um pode responder em um segundo com dois botões (eles resposdem e postam).

Quando você usa a mídia social para perguntar por quê, pode ser que demande um pensamento profundo. Mais do que a maioria faria em um mundo de mentalidade de micro-ondas, de atenção de 8 segundos. Quando você pergunta quando, quem ou quantos, há menos necessidade de usar o cérebro para responder. Melhor ainda, quando você fizer perguntas simples, fáceis de responder, descobrirá coisas interessantes sobre sua rede.

A Zillow faz um ótimo trabalho com a página de negócios do Facebook deles. Toda semana é publicado um post chamado de "Taste Test Tuesday" (algo como Terça-feira do Teste de Gosto). Eles colocam duas casas lado a lado em uma imagem. As duas têm o mesmo preço. O que fazem é perguntar qual das duas você gostaria de ter. Chegam inúmeros comentários.

A ou B? Sim ou Não? Quantos? Não são perguntas difíceis de serem respondidas. No Facebook, as chamadas para a ação que funcionam são aquelas que casam bem em seu ecossistema bem estabelecido.

A Técnica 3-3 de Bloqueio Temporário do Facebook

Você precisa de um tempo de descanso todos os dias (ao menos de segunda a sexta) para fazer conexões autênticas no Facebook. Eu chamo de "Técnica 3-3" e pode ser ótima para sua empresa. O tempo dessas mensagens não é tão importante quanto o tempo da atualização do status, mas antes de entrarmos a fundo, quero deixar claro que ela funciona *muito* melhor se a pessoa estiver online no Facebook na hora. A maneira mais fácil de saber disso é olhando na ferramenta de chat.

O que é a Técnica 3-3? Como eu disse antes, quem não participa perde. Então, faça o login no Facebook com a mente ativa e um plano. A Técnica 3-3 consiste em fazer estas duas coisas sem falhar:

1. Escreva no mural de três dos seus amigos todo dia. A maioria das pessoas usa o Facebook somente como uma ferramenta de "um para muitos". Eu uso o Facebook como uma ferramenta de um para um (que muitos ainda podem ver). Quando você escreve no mural de alguém, a pessoa é alertada instantaneamente. Isso não acontece quando você simplesmente atualiza seu status. São seus colegas, ex-colegas de classe, amigos particulares e família; então, não deve ser tão difícil "aparecer" e fazer com que três pessoas se sintam especiais. Eu, com frequência, deixo um link para um artigo que sei que vão amar e, às vezes, simplesmente apareço e escrevo: "Espero que esteja bem. Vamos conversar em breve!" Tente isso agora. Garanto que você conseguirá algumas conversas hoje.

2. Inicie três chats privados no Facebook todo dia. Novamente, apenas atualizar seu status não é suficiente. As pessoas abrem e leem as mensagens no Facebook com uma frequência muito maior do que leem o e-mail. Se você não usa a caixa de entrada do Facebook, está perdendo. Eu geralmente faço com que as mensagens privadas sejam sobre negócios (sem spam). Normalmente, envio algo como: "Oi, estou ocupado com um projeto para o trabalho — posso pedir sua opinião?" Use essas mensagens para conseguir uma ligação com sua rede.

Há cerca de 260 dias úteis em um ano. Com a Técnica 3–3, mesmo que você esteja atingindo apenas seis pessoas por dia de trabalho, ao longo de um ano terá enviado 1.560 mensagens "diretas"! Não consigo descrever o quão importante isso é para o crescimento de sua rede, geração de leads, obtenção de indicações e para arrasar no Facebook.

As Pessoas Estão Compartilhando — Veja uma Maneira Inteligente de Mostrar que Você Se Importa

Outra ótima estratégia para ir adiante e além ao usar seu perfil do Facebook é "a Estratégia de Alex Wang". Alex é corretor em Palo Alto e percebeu que muitos de seus colegas e sua rede compartilham suas férias no Facebook, fazendo o upload de dezenas de fotos e álbuns de suas viagens. Alex, na verdade, faz algo especial para eles *enquanto* estão de férias. Como você pode melhorar a experiência deles? Em vez de melhorar as férias deles com um "Olá, faz um ano desde que trabalhamos juntos, como você está?", envie um vinho para o quarto deles (se eles gostarem de vinho), ou talvez você possa verificar no Yelp os restaurantes mais bem qualificados perto de onde estejam e enviar a eles um cartão-presente. Resumindo? Conforme Paul Graham, fundador da Y Combinator, uma vez disse (e o que Alex Wang está fazendo): "Faça aquilo que não pode ser medido".

Reaproveitando Posts Antigos

Tenho certeza de que em algum momento você comentou no post de alguém, apenas para ser bombardeado com notificações de que outras pessoas estavam fazendo o mesmo. As notificações do Facebook podem ser muito poderosas quando usadas a seu favor. O que você pode fazer agora para conseguir um pouco de engajamento é voltar a seus posts antigos e "reaproveitá-los". Basicamente, você coloca outro comentário, como "estava relendo todos esses comentários legais hoje e isso me fez sorrir". Isso fará com que o Facebook imediatamente notifique alguns daqueles que haviam previamente curtido ou comentado o post. Mesmo que ele seja de anos atrás, parece dar certo. O Facebook torna isso fácil com a opção "neste dia", que destaca seus posts mais engajadores do passado.

Uma tática inteligente é criar um post relacionado àqueles posts superpopulares. Então, você pode voltar àquela longa lista de discussão e dizer: "Vocês me inspiraram a ir mais a fundo neste tópico, então, publiquei um artigo: LINK".

Os Comentários São Reis

Mesmo que você não atualize seu status todos os dias, sua rede está inevitavelmente atualizando o dela. Uma simples prática recomendada para fazer com que sua classificação aumente e aumente sua presença no Facebook é viver nos comentários. Comente nos posts de 25 pessoas por dia. Eu uso uma lista do Facebook chamada "MVC" (Most Valuable Connections — Conexões Mais Valiosas, em tradução livre). Ao reservar um tempo para organizá-las em uma lista, posso ver o que estão compartilhando, o que facilita e agiliza fazer comentários. Como você determina quem são seus MVC? Pergunte-se: de suas conexões no Facebook, quem são os 25% mais importantes para seus negócios? Coloque-os em uma lista própria e verifique-a como louco. Mas não apenas observe! Deixe comentários. *Viva nos comentários*. Você deve comentar nos posts do Facebook de outras pessoas de 10 a 100 vezes mais frequentemente do que atualiza o seu status.

Além disso, da forma como as configurações de notificações de e-mail funcionam, comentar (em TODAS as plataformas sociais) faz com que seja muito mais provável disparar uma mensagem que será enviada do que simplesmente curtir o post.

GRUPOS DO FACEBOOK

Os grupos do Facebook são provavelmente as ferramentas MENOS utilizadas do Facebook. Fui administrador de grupos com mais de 20 mil membros por ano, e eles são geradores constante de tráfego, leads e vendas. Você tem que pensar além de apenas um perfil e página do Facebook (sobre o que eu falarei mais à frente). Você precisa construir um grupo no Facebook sobre uma ideia, não sobre sua marca.

Nossos grupos do Facebook se chamam Tech Support Group for Real Estate Agents (Grupo de Suporte Técnico para Corretores de Imóveis) e What Should I Spend My Money On? (Em que Eu Devo Gastar Meu Dinheiro?). Esses tópicos estão relacionados ao que vendemos, mas foi uma decisão proposital não começar com "The Chris Smith/Curaytor Fan Club" (O Fã Clube de Chris Smith/Curaytor). Não me entenda mal, nós também usamos um grupo secreto para nossos clientes pagantes. Mas, tendo esses grupos maiores focados em ajuda, obtemos tráfego de leads e vendas dos grupos de Facebook, enquanto a maioria das empresas está APENAS usando grupos para suporte e serviço.

Eu sinceramente recomendo que você faça a si mesmo a seguinte pergunta, antes de começar um grupo no Facebook: esse grupo será relevante daqui a cinco anos? Vou querer acordar todo dia e postar nele? Sentimos que os corretores ainda precisariam de ajuda técnica e ainda teriam perguntas acerca de seus gastos daqui a cinco anos, e sabemos que ainda amaremos tecnologia e ajudar as pessoas, então, o criamos.

Um bom exemplo de como um grupo focado pode decolar é a nextdoor.com, uma rede social para vizinhos. Pessoas se conectando a outras localmente — é focado em uma comunidade específica/bem definida. Você deve ser o nextdoor.com para o seu nicho, mas usando um grupo do Facebook —, bata nas portas e faça folhetos/malas diretas como convites para ingressar no grupo. Se você representa uma marca nacional, siga seus leads e seja *a* referência para ajuda no Facebook. As vendas se seguirão. Gary Vaynerchuk chama isso de "The Thank You Economy" (A Economia do Obrigado). Quanto mais vezes você der a alguém uma razão para dizer "obrigado", mais provavelmente a pessoa compartilhará suas coisas, comprará de você e até mesmo o usará como referência.

Você não pode ser o único postando em seu grupo. Mas não pode esperar que ele vá decolar logo de cara. Encontre pessoas que contribuirão e serão embaixadores em breve; quanto mais colaboradores você tiver, mais seu grupo se disseminará como grama. Além disso, os grupos precisam de fortes administradores e guias para que não fiquem cheios de spam e autopromoção (de outras pessoas).

Quando feito da forma correta, torna-se uma cultura. Fica maior do que você; então, faça com que seja especial. Por exemplo, temos uma imagem personalizada, com o propósito do nosso grupo, regras e administradores. Esses pequenos toques podem levar a grandes crescimentos. Há muitas pequenas coisas que você pode fazer para que seu grupo do Facebook decole: mude a URL do grupo (você faz isso mudando o endereço de e-mail do grupo). Eu recomendaria até mesmo comprar para o grupo uma URL exclusiva, que não seja do Facebook e, então, encaminhá-la para a página do grupo. Por exemplo: WarrenGroup.com é muito melhor para malas diretas, cartões de visitas e apenas para dizer em voz alta do que ter de imprimir ou dizer: "Vá para facebook.com/group/7472548".

Uma dica profissional rápida é que ***sempre*** *que estiver usando uma URL* Facebook.com em sua divulgação, você pode simplesmente usar FB.com. Você pode ver isso em ação agora mesmo, visitando FB.com/CuraytorChris, *que abrirá minha página do Facebook (sinta-se à vontade para curtir enquanto estiver lá e escrever no meu mural para que eu saiba que você leu isto aqui). Algumas vezes, a URL completa com Facebook escrita inteira e seu final personalizado podem ser muito longos para imprimir e ficar legal no design.*

Você também precisará decidir entre um grupo aberto, fechado ou secreto. Essas escolhas são muito diretas. Grupos abertos podem ser vistos e lidos por usuários que não ingressaram nele. Os fechados, não. Os secretos você não consegue encontrar. Grupos abertos crescem mais rapidamente, mas atraem mais spams e podem impedir que as pessoas realmente contem a verdade. Grupos fechados permitem que haja mais conversas, mas crescem devagar, porque não membros não podem ver as conversas sem ingressar nele. Eu mantenho os grupos secretos bem pequenos e focados, como o Mastermin, apenas para clientes da Curaytor, onde só falamos sobre compras.

Como encontrar pessoas para os grupos? Use a pesquisa do Facebook para encontrar grupos populares e bem frequentados nos quais seus amigos já estejam e grupos com interesse similiar. Por exemplo, você poderia pesquisar por "Em quais grupos o Mark Zuckerberg está?". Se durante essa pesquisa você acabar encontrando grupos que já façam o que você quer fazer, pegue dicas com eles! Forneça valor. Você não tem que começar seu próprio grupo. Já vi milhares de membros de meus grupos também começarem a fazer negócios e referências ao serem úteis, consistentemente.

De qualquer maneira, seja iniciando seu próprio grupo ou ingressando e colaborando em outros, você deve fazer parte de grupos sobre sua paixão/propósito. Isso o manterá engajado ao longo do tempo.

PÁGINAS DO FACEBOOK

A pergunta mais comum que recebo de proprietários de negócios é o que é melhor para fazer negócios no Facebook: perfis ou páginas? A resposta é: todos funcionam bem, se você trabalhar neles. Conversas levam a compromissos e referências; compromissos e referências levam a vendas. Conversas criam conversões. O Facebook cria conversas.

Esta é a razão nº 1 pela qual você *deve* ter uma página no Facebook para decifrar o Código de Conversão: você não pode usar anúncios do Facebook sem uma página. E o que aprenderá mais à frente sobre configurar um anúncio no Facebook não é uma parte opcional do código.

Com frequência, as pessoas não ligam para o design da página do Facebook. Faça sua página ficar impressionante. A foto de perfil que você escolher para sua página estará nos anúncios, por isso, escolha sabiamente. Sua foto de capa deve ser espetacular e atualizada com frequência. Suas abas de biografia e informações devem estar completamente preenchidas. Pense em sua página do Facebook como seu site. Fique obcecado por todos os detalhes durante a fase de configuração e otimização. A maioria das práticas recomendadas para postar no seu perfil, que mencionei anteriormente, também se aplica às páginas. Mas seus "fãs" e seus "amigos" provavelmente terão gostos diferentes.

Ferramentas como SumoRank, LikeAlyzer e Facebook Insights são ótimas para ver rapidamente como está o desempenho de sua página, e ainda indicam o que você pode melhorar e como se classifica em comparação com outras em seu ramo. O que eu adoro sobre essas ferramentas é que elas funcionam para *qualquer* página do Facebook, não somente a sua. Essa é uma maneira *ótima* de ver o que funcionando bem para sua concorrência.

Também recomendo muito que, se você vai gerenciar uma página do Facebook, aprenda as partes do Facebook Insights que podem lhe ajudar tremendamente. Eu uso o Insights por duas razões principais. Primeiro, uso a opção Pages to Watch para espiar tanto minha concorrência quanto outras páginas que admiro e que são muito bem-feitas para ver como podemos nos comparar a elas. Configurar isso leva apenas um minuto, e uma vez que você o faça, pode ver o que está na Figura 4.2 a qualquer momento.

A segunda maneira de usar o Insights é para descobrir qual dos meus posts funciona melhor. O objetivo do Código de Conversão é direcionar o tráfego para um lugar onde possamos capturar informações. Com isso em mente, procuro os posts que mais tiveram cliques. Você pode ver todo post que já fez em Alcance ou Usuários Envolvidos (veja a Figura 4.3).

Page		Total Page Likes	From Last Week	Posts This Week	Engagement This Week
1	National Association of ...	225.1K	▲0.4%	26	9.3K
2	Top Producer Systems	47.2K	▲0.5%	3	10
3	Tech Savvy Agent	34.2K	0%	1	15
4	Real Estate Trends	20.5K	0%	0	0

Figura 4.2

Reach: Organic / Paid | Post Clicks | Likes, Comments & Shares

Published	Post	Type	Targeting	Reach	Engagement	Promote
07/16/2015 2:23 pm	Chris and Jimmy JUST announced their first ever real estate conference!! Here is a special audio m			7.6K	150 190	Boost Post
08/27/2015 1:55 pm	Our co-founder Chris Smith was just featured in T he Huffington Post for his advice on internet lead			1.1K	98 15	Boost Post
06/25/2015 3:52 pm	We were pumped to see Curaytor mentioned in th is new article about the future of online ad spend i			3.7K	70 82	Boost Post

Figura 4.3

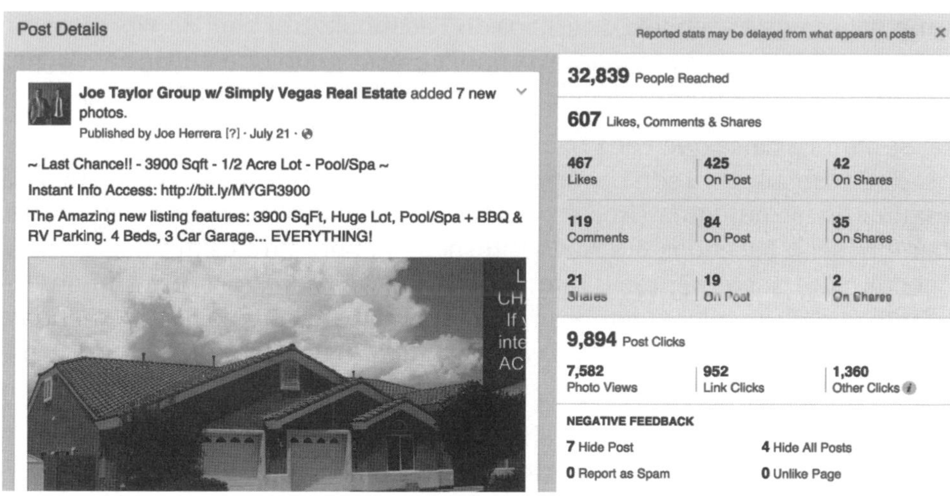

Figura 4.4

Também gosto de olhar nos dados de micronível de cada post que foi bem-sucedido para ver quais elementos podem ter contribuído para isso. Conforme você começar a identificar os melhores posts com a maioria dos cliques, poste mais atualizações como aquelas.

Você pode ver os dados de posts que incrementa com um anúncio em Ads Manager ou Power Editor (mais sobre ambos abaixo). Mas é no Insights que você pode ver cada post, anúncio ou não. Quando estiver no Facebook Insights e escolher algum post, ele fornecerá uma análise detalhada do post (veja a Figura 4.4).

ANÚNCIOS DO FACEBOOK

Ao longo dos últimos sete anos, gastei e gerenciei milhões de dólares com anúncios no Facebook. Duas coisas que aprendi dessa experiência: (1) Os anúncios do Facebook melhoraram muito quando a empresa se tornou pública e (2) O Facebook se importa o suficiente com seus usuários para desenvolver diversas maneiras de ajudar os anunciantes a alcançá-los das maneiras mais relevantes e eficazes possível.

Os anúncios do Facebook são tão poderosos que rapidamente transformam um bom negócio em ótimo e um ótimo negócio em excelente. A tecnologia é um *acelerador* de grandeza. Quando comecei a usar os anúncios do Facebook, já era o vendedor nº 1 em meu canal no Move Inc. Eu não *precisava* de mais leads ou vendas. Mas eu era *ótimo* no que fazia offline. Então, quando transferi meu conhecimento para a web, usando uma página do Facebook, anúncios do Facebook, um blog da WordPress e um canal no YouTube, meu novo público gostou do que eu tinha a dizer, assim como meu público local.

Se a única coisa que você fizer após ler este livro for construir um anúncio do Facebook para seu negócio, ele pode produzir leads o suficiente para manter quase qualquer time de vendas ocupado e aumentará suas vendas. Lembre-se: o Facebook é a Nova Internet. Não procure os anúncios do Facebook para suplementar o que você já faz online. Procure-os tendo em mente que eles podem se tornar o canal nº 1 para tráfego, leads e vendas. Qualquer coisa menos do que isso é um erro. Estou lhe fornecendo o diagrama exato.

O que os anúncios do Facebook ***não podem*** fazer: eles não conseguem fazer um negócio ruim ficar bom. E se você tiver um negócio estabelecido, provavelmente não triplicará suas vendas de uma hora para outra — então, pense grande, mas seja realista. Isso se deve mais ao fato de os anúncios do Facebook não poderem fechar um lead. Eles apenas podem conseguir leads consistentemente. Os anúncios do Facebook simplesmente jogam a bola no meio de campo. É papel do jogador (vendedor) chutar a bola. É por isso que toda a terceira parte de ***O Código de Conversão*** é dedicada a como fechar um lead pelo telefone. Zuck não fará isso para você.

Antes de entrar nas estratégias e táticas para preencher seu funil, é importante notar as diferenças entre os anúncios do Google e do Facebook.

O Google está nos negócios de preenchimento de demanda. Seus usuários demonstraram interesse em determinada frase e o Google pode mostrar seu anúncio nesse momento. Certamente, isso faz sentido e já foi comprovado que é eficaz como canal de geração de leads para aqueles que fizeram certo. Entretanto, a razão para o Código de Conversão focar mais os anúncios do Facebook do que do Google é simples.

A Geração de Demanda é Maior do que o Preenchimento da Demanda

Pela primeira vez, um site, além do Google, tem tamanha extensão, tempo no site e engajamento, que você pode colocar seu anúncio em frente ao seu consumidor dos sonhos ANTES que ele faça uma pesquisa no Google.

Imagine olhar o Google Trends e aprender sobre o tráfego de pesquisa de uma frase, como "fogos de artifício para 4 de julho". Você não ficaria surpreso de ver esse tráfego aumentar nos dias 1º, 2 e 3 de julho. Por que não ir ao Facebook e colocar um anúncio no feed de notícias de todo mundo em 29 e 30 de junho, com a mesma mensagem, ligada a um post em um blog com a resposta? Quantas pessoas nem mesmo pesquisariam?

Essa é a boa notícia. Agora, você pode criar demanda sem comprar mídia tradicional. O que significa que todo negócio pode fazer isso. Uma notícia ruim é que você precisa ser muito mais criativo e estratégico do que nunca com os anúncios do Facebook. Isso se deve, em grande parte, à natureza visual dos anúncios do Facebook. Com o Google PPC (Pay Per Click — Pague Por Clique), você tem que acertar os termos de pesquisa, o texto e para onde envia o link. Um copywriting inteligente e landing pages otimizadas também são importantes em anúncios do

Facebook, mas a maior diferença está em quão mais centrados em imagens os anúncios do Facebook são em relação aos do Google. É claro, você pode usar a rede do Google para colocar banners por toda a internet, mas os anúncios de feed de notícias do Facebook são muito mais "nativos" no design e relevantes quando direcionados e implementados corretamente.

Você não tem um grande orçamento, mas tem grandes ambições? Os anúncios do Facebook são uma tela em branco barata para você pintar. Eles podem produzir champanhe com um orçamento de cerveja. Especialmente se você já esteve no caro mundo dos anúncios tradicionais.

Por anos, os corretores de imóveis e os advogados tentaram passar a imagem de que são extraordinários. Eles, com frequência, fizeram isso comprando grandes outdoors ou bancos de ônibus. Os anúncios do Facebook são os novos outdoors. E o legal disso é que esse outdoor é visto somente pelas pessoas perfeitas. Não por todo carro que passa pela interestadual. E você nem precisa pagar para o outdoor ser visto — paga somente quando alguém que *você* identificou como sendo o cliente perfeito clica em seu outdoor.

Falarei sobre os fundamentos de ótimos anúncios no Facebook, os quatro tipos que todos os negócios deveriam ter e como atingir seu cliente ideal.

OS FUNDAMENTOS DE TER UM ÓTIMO ANÚNCIO NO FACEBOOK

Não importa o tipo de anúncio do Facebook que decida ter, nem quem decida atingir, se usa Power Editor, Ads Manager ou um post incrementado, não importa sua metodologia, há fundamentos essenciais para TODO anúncio do Facebook que você fará.

A Imagem É Tudo (Câmeras Canon e Andre Agassi Acertaram)

Como seria se seu anúncio do Facebook só tivesse a imagem? Você nota textos ao passar pelo seu feed de notícias em seu telefone? Provavelmente não chega nem perto do quanto você nota imagens. Comece todo anúncio no Facebook com uma imagem marcante e, então, trabalhe ao contrário. Ao criar um anúncio, tente fazê-lo com a mentalidade de que a imagem é o anúncio inteiro.

Descobri que imagens ou anúncios personalizados com espaço em branco/negativo e cores fortes funcionam muito bem misturados. Na verdade, quanto mais forte for a cor ou a imagem, melhores os resultados. Imagens escuras e apagadas obtêm taxas horríveis de cliques, se comparadas a imagens coloridas e chamativas. Ao analisar alguns dados internos na Curaytor, descobri que as campanhas que criamos com fotos profissionais de casas produziram uma taxa três vezes maior do que usando fotos amadoras de celulares.

Quando digo que "A Imagem é tudo", há outra imagem da qual todos se esquecem: sua foto de perfil no Facebook está em quase todos os anúncios. Certifique-se de que ela fique ótima no feed de notícias. Algumas vezes você não pode simplesmente colocar uma logo na sua foto de perfil. Você precisa de uma versão mais ou menos como o ícone de dispositivo móvel de sua empresa. Reduzimos Curaytor a apenas o C em todos os nossos perfis sociais.

"Extras" e Texto sobre a Imagem

Tendo escolhido a imagem de seu anúncio, o próximo passo é adicionar texto e/ou "extras" à imagem. Por "extras" eu quero dizer coisas como bordas, faixas, botões, setas ou até mesmo sua logo. Lembre-se de manter essas adições claras. Dourado, verde, vermelho, alaranjado, azul e roxo são ótimas cores que realmente serão realçadas na interface branca do Facebook. Eu uso o Picmonkey para adicionar rapidamente extras, camadas e texto às minhas imagens.

Sobre o texto que você pode adicionar, há algumas más notícias: você não pode cobrir mais de 20% da imagem com texto. Essa regra às vezes é a desgraça da minha existência, mas entendo o porquê de o Facebook reforçar isso. Caso não o fizessem, as pessoas simplesmente usariam seus cartões de visita ou capturas de tela de seus sites como anúncios. Ou colocariam palavras *imensas* nas imagens, como "COMPRE AGORA" ou "À VENDA", o que prejudicaria a experiência do usuário na plataforma, fazendo com que ela parecesse cheia de spams muito rapidamente. O que essa regra encoraja é que, em vez de tentar comprimir toda a sua mensagem em texto, deve complementar as imagens e os extras. O Facebook tem, na verdade, uma ferramenta muito útil para verificar a proporção texto–imagem antes de você postá-la.

Acredite se quiser, tudo o que falei até agora foi somente para fazer a pessoa parar e ler seu anúncio.

Texto Excelente e Inteligente

Nem todo mundo lerá as palavras de seu post (com uma ótima imagem, muitos clicarão sem ler), mas as pessoas que comprarão de você provavelmente lerão cada palavra que escrever. Se está gastando menos de 5 minutos em um texto de um anúncio para o Facebook, você não é um anunciante profissional. É claro, o Facebook facilita o lançamento e a implementação de anúncios, mas boas coisas acontecem com aqueles que esperam. Meu pai costumava me dizer para "pensar antes de falar". O conselho dele se aplica aos anúncios do Facebook. Considerando que possa lhe custar milhares de dólares colocar seu anúncio na frente das pessoas certas, e para elas clicarem nele, você provavelmente quer passar um tempo criando sua mensagem.

Eu passo, literalmente, horas falando sobre o texto dos anúncios com meu time. Passe seu texto para alguém: verifique vírgulas e ortografia, certifique-se de que não haja nenhum espaço extra e assim por diante. Fique obcecado por aquilo que você escreve, porque leads sérios lerão.

Quando você escrever um texto incrível, isso também poderá ajudar a filtrar e qualificar seus leads. Isso pode economizar uma tonelada de tempo e dinheiro. Por exemplo, se eu fosse um corretor com um anúncio que dissesse: "Confira o valor da sua casa hoje!", receberia muitos cliques e leads. Se eu escrevesse: "Vai vender sua casa em breve? Confira o valor da sua casa hoje!", receberia menos leads, mas eles estariam mais perto da transação.

Na Curaytor, nossos serviços não são baratos. Mas a maioria das pessoas que ouve falar sobre o que fazemos quer comprá-los. Então, em vez de engessar nossos preços para deixar de fora qualquer um que não possa pagar (o que é uma ideia ***horrível*** do ponto de vista do preço, dar seu preço antes de dar seu valor), usamos um texto como "Exclusivo para vendedores e times com o máximo de produção". Isso atrai os leads corretos e repele os errados, sem irritar ninguém.

Chamadas Específicas para a Ação

Acredite se quiser, as pessoas gostam que outras digam a elas o que fazer. Na verdade, elas precisam da sua orientação. Mesmo que sua chamada para a ação seja simples como "clique aqui para fazer o download", "clique aqui para assistir" ou "clique aqui para saber mais", é importante que você diga à pessoa que está lendo *exatamente* qual é o próximo passo.

Se você não tem uma chamada forte para a ação em seus anúncios, está desperdiçando dinheiro e pedindo para as pessoas os lerem para nada.

Como o Facebook Lexicon (uma espécie de Goggle Trends do Facebook) se tornou parte do nosso vocabulário diário, um novo conjunto de chamadas para a ação emergiu. Pedir que pessoas "Curtam", "Deixem um Comentário", "Compartilhem Este Post" ou "Marquem Alguém" podem ser chamadas para a ação eficazes na mídia social. Como sei usar os anúncios do Facebook muito bem, os eventos que me contratam para palestras com frequência perguntam se posso ajudá-los na divulgação. Quando vou para uma área que não conheço muito, peço no anúncio para que alguém marque em um comentário algum conhecido deles que talvez esteja interessado em participar. Sem dúvida, muitas pessoas locais irão ver o anúncio e marcar pessoas de suas redes locais, fazendo com que meu evento fique mais conhecido e com o bônus adicional de uma recomendação confiável de um amigo.

Anúncios Otimizados para Dispositivos Móveis

Se você quiser uma cadeia infinita de cliques, leads e vendas no Facebook, precisará certificar-se de que seus anúncios estejam aparecendo e sejam otimizados para dispositivos móveis, não apenas para o desktop. O Facebook (e o mundo em geral) atingiu um ponto no qual o telefone tornou-se a web. Com frequência, imagens ou add-ons ou chamadas para a ação que ficam ótimas em uma tela grande são ilegíveis em um telefone. Haverá vezes em que as imagens e anúncios que você projetar funcionarão para ambos os públicos, mas também haverá vezes em que precisará criar dois conjuntos separados de anúncios criativos.

Há certas campanhas de anúncios para o Facebook que eu removi do dispositivos móveis e só visei usuários de desktop, especialmente quando os estou direcionando para um formulário de captura ou landing page mais aprofundados. O Ads Manager lhe mostrará como seu anúncio aparecerá no desktop e no dispositivo móvel. Não faço um formulário de registro completo em anúncios que sei que serão usados em dispositivos móveis. Quando crio landing pages que eu sei que serão usadas em dispositivos móveis, só me concentro em conseguir um e-mail e/ou telefone. Se um lead prospectivo tiver que rolar a página para completar o formulário, há boas chances de que não o fará. Apenas pergunte-se se você preencheria aquilo enquanto estivesse na fila do Starbucks. Se tivesse 10 campos para completar, provavelmente não. Então, use "registro leve" sempre que possível em campanhas para dispositivos móveis e landing pages.

Essa prática recomendada também se aplica aos anúncios do Twitter, YouTube e Instagram. Se quiser ir de um tuíte para um lead, você não fará com que a pessoa gaste cinco minutos preenchendo coisas, quando acabou de vir de um universo de 140 caracteres. (Darei mais conselhos sobre o Twitter, YouTube, Instagram e outras redes no próximo capítulo, iniciando na página 67).

Um Link para uma Armadilha Comprovada

Ao otimizar seu site e landing pages, como ensinei anteriormente, pegar um link de seu anúncio do Facebook que capturará leads será um processo de um segundo. É por isso que ímãs chamativos, landing pages bem projetadas e um blog/site otimizado para a geração de leads são tão importantes.

Praticamente, todo anúncio do Facebook que teremos será focado em conseguir cliques. Esses cliques custam dinheiro. Então, você precisa ter certeza de que certa porcentagem dos cliques realmente se tornará um lead. O legal é que, uma vez que tenha um link estabelecido, você pode mudar tudo em um anúncio do Facebook, mas ainda fazer a conexão com o mesmo lugar do anúncio anterior. Na Curaytor, nossa página de vendas faz um ótimo trabalho em converter leads qualificados. Isso significa que meu trabalho como anunciante é fazer com que pessoas cheguem lá regularmente, e isso pode ser feito de várias maneiras. Quando desenvolvo um novo anúncio para o Facebook, geralmente o conecto a uma landing page antiga; assim, consigo separar os anúncios do Facebook das várias coisas que fazemos, mas levo todas para nossas páginas de vendas.

Em um mundo perfeito, cada anúncio receberia uma landing page nova, mas não é sempre necessário. Em vez de sempre construir novas landing pages, gaste o máximo de tempo possível desenvolvendo anúncios do Facebook novos e criativos para levar as pessoas a eles.

É *muito* mais fácil desenvolver e lançar uma nova campanha do que criar e lançar uma nova landing page.

O FUNIL PERFEITO DE ANÚNCIO DO FACEBOOK

O Código de Conversão é baseado na minha fórmula C^3 de Captura de leads, Criar compromissos e Conseguir vendas. Mas, no caso dos anúncios do Facebook, ela significa Marketing de Conteúdo, Marketing de Conversão e Marketing de Vendas. Assim que você identificar com o que fará a conexão e em qual desses três baldes cada uma delas cairá, esses três Cs começarão a criar um funil perfeito de anúncios de Facebook. Então, você também identificará os três públicos-alvo de seus anúncios.

Anúncios do Facebook C^3

Camada Superior — Marketing de Conteúdo. Os anúncios do Facebook que receberão mais cliques e engajamento serão os de marketing de conteúdo. Eles devem fazer a conexão para posts de blogs, vídeos ou podcasts de qualidade — tudo o que seduza uma tonelada de cliques e que alguém possa acessar sem se registrar. Nosso objetivo com esses anúncios não é necessariamente capturar leads. Em vez disso, estamos tentando fazer com que qualquer um que talvez compre de nós eventualmente visite nosso site para podermos começar a criar confiança e reconhecimento de marca ao fornecer valor. Isso também permite que você os rastreie para poder mostrar mais conversão — e anúncios do Facebook focados através de redirecionamento.

Segunda Camada — Marketing de Conversão. Se seu negócio não possui leads o bastante no momento (ou, pelo menos, um fluxo consistente de leads diário), você pode pular a camada superior e começar com a segunda. Seus anúncios de marketing de conversão estarão onde você consegue o máximo possível de leads. Tais anúncios devem conectar-se aos seus ímãs de lead e landing pages. Esta camada é onde coisas como oferecer um guia, e-book ou vídeo para serem baixados podem funcionar muito bem. Todos os seus anúncios de marketing de conversão devem fazer a conexão com uma página de oferta/captura.

Camada de Baixo — Marketing de Vendas. Lembre-se de que este é um funil de anúncios do Facebook e todos os anúncios funcionam em coesão. O Marketing de vendas conta apenas para as pessoas que estão seguindo em frente. Eles devem ser focados em fazer com que seus leads leiam análises de consumidores, inscrevam-se em um webinar de grupo, marquem uma hora para falar com o time de vendas, liguem para saber mais ou recebam um desconto ao agir. Sua camada de conversão consiste em todos os conteúdos que você possui que permitem às pessoas saberem quais são os próximos passos.

O objetivo e a progressão do funil de anúncio do Facebook C^3 são simples. Passo 1: Use marketing de conteúdo para criar tráfego, consciência e rastrear pixels que geram mais anúncios. Passo 2: Use o marketing de conversão para identificar melhor quem colocará o pé na água ao registrar-se e se tornará um "lead". Passo 3: Use o marketing de vendas como uma tentativa de fazer uma venda.

Um funil perfeito possui todos os tipos de anúncios. Mas só ter os anúncios C^3 não é suficiente. Agora, você precisa saber exatamente quem selecionar (e quem não) com seus anúncios ao estabelecer três públicos essenciais de anúncios do Facebook.

Os Três Principais Públicos de Anúncios do Facebook

Você precisa criar públicos personalizados e estratégicos para os quais mostrar seus anúncios do Facebook. Há algumas das melhores opções de direcionamento de anúncios de todos os tempos para anunciantes do Facebook, incluindo localidade, idade, educação, interesses, salário, riqueza, composição familiar e muito mais. Como as possibilidades são infinitas ao escolher seus alvos, tenha certeza de desenvolver pelo menos os três públicos a seguir:

1. O Milhão Mágico. Este é simples. Quem tem disposição e pode comprar de você ou remetê-lo a outra pessoa que possa comprar? Mesmo que você não consiga exatamente um milhão de pessoas neste público, eu o chamo assim para lembrá-lo de que ele pode ser grande. Mais ou menos 100 mil, 300 mil ou mesmo mais de 1 milhão de pessoas atingidas. O objetivo é ter MUITAS pessoas, mas tendo em vista que elas "podem" ser um consumidor pagante em algum momento.

Alguns exemplos de público do Milhão Mágico podem ser vários CEPs com os quais você trabalha. Ou ter como alvo diversos grandes empregadores (Nike + Boeing + Ford). Ou Cidade + Idade. Ou Estado + Idade + Nível de Escolaridade. Só não seja muito exigente aqui. Precisamos que esse público seja grande.

Também acho que seu Milhão Mágico pode ser impactante ao usar a opção Interesse do Facebook. Por exemplo, eu tenho um público de anúncios salvo para poder atingir pessoas que tenham interesse em Inman News e nos três treinadores de vendas mais populares do mercado imobiliário. Apenas esses quatro interesses produzem um público de mais de

220 mil. Apesar de eu não ter concorrência específica com a Inman News (uma empresa de mídia) nem com os treinadores (empresas de treinamento), sei que o público deles é aquele para o qual quero fazer vendas e fornecer soluções de marketing.

Lembre-se de que o Facebook fornece um pixel de rastreio que você pode instalar em menos de um minuto em seu site. Quando algum membro do Milhão Mágico visita um artigo de marketing de conteúdo (mesmo que você não saiba, peça para que ele faça o registro), nas próximas vezes que entrar no Facebook, ele começará a ver seu anúncio de marketing de conversão que o leva a uma página de captura. A ideia é que você gere consciência e confiança em seu Milhão Mágico, antes de pedir suas informações ou começar a mostrar campanhas mais fechadas de conversão e vendas.

2. O Meio Maciço. Qualquer um do Milhão Mágico que clicar em um anúncio de marketing de conteúdo é automaticamente adicionado ao que chamo de Meio Maciço. Isso acontece dinamicamente, graças ao pixel de rastreamento do Facebook instalado em seu site. Mas um público do Meio Maciço também precisa incluir todos os que curtem sua página, toda a sua lista de e-mail e seu público "dos sonhos". Você quer atingir esse público tanto com anúncios de conteúdo quanto com os centrados em conversão.

Em oposição ao direcionamento de alto nível que usamos para criar o Milhão Mágico, o alvo "dos sonhos" aqui pode ser alguém de 35 a 40 anos, que possui casa há mais de seis anos e que ama ioga. Ao contrário dos alvos intencionais do Milhão Mágico (tem disposição, pode ser que compre de você), esse segmento de público dos sonhos de seu Meio Maciço deve apenas ser de seus consumidores mais prováveis.

Ao adicionar pessoas que clicam do Milhão Mágico, aqueles que curtem sua página, sua lista de e-mail atual e seu público dos sonhos, pode haver muitas pessoas (maciço). Este será um público com um tamanho razoável, mas também terá a possibilidade de ficar ainda mais "maciço", com o acréscimo dinâmico de pessoas novas todos os dias.

Dica de profissional: O Facebook usa o termo "Custom Audience (Público Personalizado)" quando você faz o upload de um arquivo de e-mails ou números de telefones. Uma vez feito isso, você pode salvar o público, mas também pode sincronizá-lo quase que em tempo real, para não ter que fazer um novo upload quando ele crescer.

Digamos que você comece fazendo o upload de 5 mil pessoas ao seu público personalizado, mas que também está obtendo alguns poucos leads novos por mês. Você pode sincronizar seu gerenciamento de relacionamento com o cliente (CRM) ao Facebook usando uma ferramenta como Driftrock, para que, conforme seu banco de dados cresça, também cresça o Meio Maciço (e o Ponto Certo, abaixo). O Mailchimp e muitas outras ferramentas de e-mail marketing/ CRM também estão começando a fazer a sincronia em tempo real com um processo fácil de ser configurado.

Também é possível usar o Anúncio de Público Personalizado do Facebook para esconder seus anúncios das pessoas. Talvez você não queira mostrar seus anúncios aos seus concorrentes ou a um segmento de seu banco de dados que já comprou de você. Assim como você pode adicionar e sincronizar um arquivo CSV que verá seus anúncios e adicionar e sincronizar um que nunca os verá.

3. O Ponto Certo. Este é o público que já se tornou lead em seu banco de dados e é mais provável que compre agora. Esse público deve ver todos os seus anúncios C^3: conteúdo, conversão e conclusão. Como já está em seu banco de dados como lead e mostrou interesse em seu produto ou serviço, você quer (e pode adequadamente) mostrar anúncios a ele no fim do funil, contendo análises de clientes, marcando uma hora para conversar com as vendas, ligando agora para saber mais, obtendo um desconto ao agir agora ou registrando-se para seu próximo webinar de grupos de vendas.

Criar esse público é tão simples quanto fazer o upload de cada lead que você possui agora e, então, sincronizá-lo (novamente, usando Driftrock ou uma ferramenta comparável) para que assim que um lead entre, novas vendas sejam disparadas para esse público "ponto certo".

Por exemplo, anúncio que funcionou bem quando mirei meu ponto certo foi: "Não estamos perseguindo você, só queremos conversar". Ele se conectava com uma ferramenta que uso, chamada ScheduleOnce (também conhecida como MeetMe.so), que permite que as pessoas marquem as datas preferidas para uma demonstração de vendas privada (enquanto sincroniza com a maioria dos programas de calendário online, garantindo que não haja conflitos de compromissos). Um anúncio tão focado em vendas pode ser um IMENSO desperdício de dinheiro, caso almeje o Milhão Mágico ou o Meio Maciço, mas como estou visando apenas os leads em meu banco de dados que já mostraram interesse em fazer a compra, ele funciona.

A maioria das pessoas pensa que, uma vez que tenha um lead, não precisa fazer propaganda para ele de outra forma que não por e-mail, SMS ou ligação de acompanhamento. Isso é muito errado. Seu público

Ponto Certo deve ver anúncios que o mantenha engajado com você até comprar. Lembre-se de que os e-mails são abertos por consideravelmente menos da metade das pessoas que os recebe. Usando essa técnica de acompanhamento de propaganda, você pode pagar para deixar sua campanha na frente de quase 100% de seus leads sempre que quiser.

Quando você configura seu funil do Facebook adequadamente, o lead não SENTE como se estivesse em um funil. As progressões são naturais e os tipos de conteúdo e chamadas para a ação que ele vê ficam mais agressivos somente se e quando ele mostra mais interesse.

Para revisar, é assim que os anúncios C^3 do Facebook e os três públicos que você quer atingir são inter-relacionados:

Anúncios de marketing de conteúdo atingem o Milhão Mágico, o Meio Maciço e o Ponto Certo
Anúncios de conversão de marketing atingem o Meio Maciço e o Ponto Certo
Anúncios de marketing de venda atingem o Ponto Certo

Dica de profissional: Haverá vezes em que um anúncio de conversão fará sentido para atingir o Milhão Mágico ou quando um anúncio de vendas fará sentido para atingir o Meio Maciço. Apenas saiba que, ao mesmo tempo que você recebe mais leads ao fazer isso, também paga por mais cliques de pessoas que não se registrarão em sua lista desejarão falar sobre vendas ainda. Mas se você alguma vez precisar "melhorar" seu fluxo de leads, simplesmente atinja o Milhão Mágico com os anúncios de conversão e atinja o Meio Maciço com os anúncios de vendas.

Outra dica de profissional: O agendamento de anúncios fornece um nível de personalização adicional que você pode usar para a conversão máxima de leads. Com o agendamento de anúncios você pode configurar seus anúncios do Facebook para aparecerem apenas em determinadas horas do dia e/ou determinados dias da semana. Já usei isso e é muito eficaz, principalmente se você quiser que seu anúncio seja mostrado quando tiver algum vendedor em expediente para acompanhá-lo imediatamente. Também, saber a que horas do dia seu anúncio será exibido permite que você seja MUITO esperto com o texto e sua relevância. Imagine um anúncio que saia na sexta-feira e no sábado à noite entre uma e 4 da manhã, que comece com: "Você tem problemas para dormir no final de semana?" ou um anúncio que ofereça um negócio incrível, mas somente nas tardes de terça-feira. Quando você combina os três C com os três públicos e, então, adiciona o agendamento de anúncios, pode realmente se organizar para a melhor geração e conversão de leads.

Determinando o Orçamento de Seu Anúncio no Facebook

Você pode ter anúncios no Facebook por apenas um dólar por dia, mas isso não significa que deva ter. Se você está levando o Facebook a sério como canal constante de aquisição, precisa ter um orçamento decente.

Acho que a melhor maneira de determinar seu orçamento seria se perguntar: "Qual orçamento mensal eu posso me dar o luxo de perder e posso comprometer por um ano para ver o resultado?" É como uma viagem para Vegas. Mesmo que você aposte alto, tem que pensar se está tudo bem perder cada centavo. Se você precisa de retorno sobre o investimento rapidamente, acabará parando antes de o plano começar a funcionar. Não me entenda errado, você pode ganhar cliques, leads e vendas hoje com os anúncios do Facebook. Assim como consegue queimar calorias e criar músculos hoje ao ir para a academia. Mas não ficaria em forma sem um compromisso consistente.

A diferença no volume de leads entre um orçamento de 1 a 2 dólares por dia e um de 10 a 20 dólares é quase de, literalmente, dez vezes. Os vencedores estão prontos para perder antes de ganhar. Estão dispostos a investir, perder e aprender. Com sorte, ao usar este capítulo como guia, você não "perderá" com a mesma frequência que ganhará.

As pessoas sempre me perguntam o que é um bom custo por clique ou um bom custo por lead no Facebook. Minha resposta? Não fique obcecado com nenhuma dessas duas métricas. Apenas certifique-se de que não estão MUITO altas para obter um retorno sobre o investimento, já que sabe qual é o seu custo real por aquisição (custo de leads requeridos para vender um). Se for 10 dólares por clique ou 100 por lead, é melhor que você venda algo incrível e caro para compensar. Mas ter um baixo custo por clique ou lead também não é seu objetivo. O custo por aquisição é. Honestamente, qualquer coisa entre 0,10 e 10 dólares pode ser considerado "bom". O custo por lead de 1 a 100 dólares poderia ser "bom". Você precisa calcular o que é bom *para você.*

Se você estabelecer uma campanha para um mês, não deve verificar como está indo toda hora. Mas deve ficar de olho em como está indo em comparação com o concorrente. Se você lançar quatro anúncios que vai usar por 30 dias, olhe para eles depois de cinco dias. Se um anúncio recebeu mil cliques por 38 centavos cada e 200 cliques por 2,38 dólares cada, seria insensato não tirar o orçamento do que tem baixo desempenho e jogar no que já está bem-sucedido. Ao ficar de olho em seu desempenho, você pode duplicar nos anúncios que obtêm um bom desempenho e eliminar os que não estão funcionando. Você também pode ir ao topo de sua página, clicar em "Insights", postar e depois classificar por aqueles que recebem a maioria dos cliques. Às vezes, pagar para reimpulsioná-los é uma boa jogada.

Para julgar o sucesso geral de uma campanha, eu me certifico de ter ganho pelo menos 100 leads com ela. Não 100 cliques, 100 leads. Algumas vezes, gero até 200 leads antes de julgar uma campanha. Por quê? Porque estou focado nas conversões, não em leads. Ao conseguir mais de 100 leads com uma campanha, sinto que consigo julgar melhor sua qualidade do que quando consigo 10 "leads ruins" e abandonos.

A pontuação de relevância do Facebook também pode ajudá-lo a manter seus anúncios na trilha para o sucesso. Se você recebe boas notas para os padrões do Facebook, os próximos anúncios que fizer serão beneficiados desde o começo. Se você for historicamente bom em anúncios, o Facebook automaticamente assumirá que seu próximo anúncio também será bom. Alcançar uma alta nota de relevância (o Facebook usa uma escala simples de 1 a 10) está diretamente ligado aos princípios de boas imagens, texto, chamadas para a ação e bons alvos.

Dica de profissional: Lembre-se de que quanto mais você tentar fazer um anúncio, menos ele ficará relevante. As coisas mudam. Fique de olho no que o Facebook chama de frequência (quantas vezes uma pessoa comum viu seu anúncio até agora). Se perceber que um anúncio foi visto uma dúzia de vezes pelo mesmo público e está perdendo força, mude-o. Alternativamente, não desista de seus anúncios depois de terem sido vistos apenas algumas vezes por cada pessoa. Com frequência, pode ser a sexta, sétima ou décima vez que alguém vê seu anúncio antes de clicar nele.

QUATRO TIPOS DE ANÚNCIOS DO FACEBOOK QUE TODOS DEVERIAM USAR

Uma vez que dominar o conteúdo de seus anúncios e determinar seus públicos personalizados, você determinará, então, que ***tipo*** de anúncio usar. O Facebook tem uma tonelada de tipos de anúncios, nenhum dos quais eu chamaria de ruim. Mas certamente há alguns tipos de anúncios que funcionam melhor do que outros. Veja quatro tipos que quaisquer negócios podem e devem usar:

Tipo de Anúncio 1: Post Impulsionado

Este é, de longe, o anúncio mais fácil de ser configurado. Poste alguma coisa em sua página e impulsione por um dia. Se for realmente bem, você pode impulsionar sempre ou, então, abrir no Ads Manager e melhorar depois. Posts impulsionados permitem que você controle seu orçamento de perto com pequenas amostras de exposição. Ao contrário de um orçamento grande e assustador mensal ou anual, você pode fazer um anúncio com posts impulsionados em um ou dois dias sem quebrar o caixa. Segundo minha experiência, posts impulsionados feitos adequadamente ganham uma relevância muito maior do que outros tipos de anúncios.

Dica de profissional: Tente fazer o upload de um álbum de fotos em sua página com um link para uma landing page no post e, então, impulsione-o. Ao fazer o upload de um álbum, ele cria uma entrada belissimamente projetada no feed de notícias, quando comparado com qualquer outra coisa que contenha uma única foto. Além disso, dá mais chances de um clique que chame a atenção do que apenas o link para seu ímã de leads. Com um álbum, as pessoas podem passar por todas as fotos e, então, clicar quando estiverem prontas. Isso funciona muito bem para nossos clientes corretores. Eles podem incluir mais de 10 fotos de uma propriedade ao fazer isso em um anúncio! Ao mostrar mais fotos e descrições, podem manter os desinteressados de fora, aumentando as taxas de conversão de suas landing pages ao enviar menos cliques qualificados, porém melhores.

Tipo de Anúncio 2: Clique-para-Site

Este é muito simples. Você pode pensar nele como uma bola no meio da área. O propósito deste anúncio é obter o máximo de cliques possíveis, todos indo para um lugar.

Tipo de Anúncio 3: Anúncio Multiproduto/Carrossel

Se você quiser direcionar pessoas para várias partes de seu site ou várias landing pages, pode usar um anúncio multiproduto/carrossel. Este leva pessoas simultaneamente a vários lugares usando itens pelos quais podem percorrer.

Um exemplo pode ser um anúncio que tenha várias chamadas para ação, como (1) Compre meu livro, (2) Contrate-me como palestrante, (3) Verifique minha empresa e (4) Verifique meu grupo no Facebook. Neste anúncio, eu consigo levar as pessoas para a Amazon, minhas landing pages, meu site e meu grupo do Facebook. Descobri que esses tipos de anúncios, com uma interface bonita no feed de notícias e elementos de design interativo, podem ter o melhor custo por clique e a maior taxa de retorno do que qualquer outra coisa que eu tenha tentado.

Dica de profissional: Tente usar anúncios multiprodutos de maneiras supercriativas, usando uma foto panorâmica ou elementos de design que funcionem juntos, mesmo que estejam em lugares diferentes. Fiz um anúncio no qual conectamos visualmente as janelas usando sinais de mais e, então, sinais de igual no fim do anúncio, e ele obteve ótimas críticas e resultados.

Tipo de Anúncio 4: Anúncios de Lead

O Facebook nunca mostrou um compromisso mais óbvio no auxílio de proprietários de negócios na obtenção de leads do que com a nova opção de Anúncios de Lead. Eles não requerem que você faça um link para uma landing page ou site para coletar a informação de alguém. Eles nem mesmo pedem que o visitante preencha algum formulário, pois o Facebook já tem (na maioria dos casos) seu e-mail e telefone arquivados. Em vez disso, quando alguém clica em um Anúncio de Lead, ele instantaneamente (e por instantaneamente eu quero dizer MUITO mais rápido do que uma landing page normal o faria) carrega um formulário simples, já preenchido com suas informações, para que apenas clique em Enviar.

Uma das principais razões pelas quais o Facebook criou essa unidade de anúncio foram os dispositivos móveis. Esperar, mesmo um segundo ou dois, para uma página carregar pode parecer muito quando estamos em nossos telefones. Outra foi que muitos proprietários de pequenos negócios possuem sites e landing pages horríveis e estavam apenas gastando o dinheiro deles ao direcionar o tráfego. Se você quer obter uma longa lista de e-mails e/ou números de telefones para adicionar ao seu banco de dados, os Anúncios de Lead do Facebook são escolhas excelentes.

Power Editor do Facebook

O Power Editor é a interface mais avançada do Facebook para criar e manter anúncios. Ele permite que você faça tarefas mais avançadas (como marcar seus anúncios para organização). Se você quer editar uma campanha, ele é útil. Se precisa de um painel para ver todas as campanhas, é útil. Você pode até mesmo usá-lo para fazer um upload em massa de campanhas por meio de um arquivo CSV para economizar tempo.

Mas, para a maioria das pessoas, o Ads Manager e os posts impulsionados fornecem opções mais do que suficientes. Tudo o que abordei neste capítulo até agora (exceto Anúncios de Lead) pode ser feito sem o Power Editor. Na verdade, se algo que decola é adicionado ao Power Editor e é realmente útil para anunciantes (como anúncios multiprodutos, partilha do dia ou Anúncios de Lead), o Facebook normalmente o adiciona rapidamente como uma opção do Ads Manager (ou até mesmo às opções de anúncio de post impulsionado).

Dica de profissional: Se quiser aprender mais sobre o Power Editor e todas as suas capacidades avançadas, recomendo muito que você confira o blog de Jon Loomer. Ele se tornou uma autoridade em Power Editor e fornece posts detalhados regularmente sobre mudanças, dicas úteis para os usuários do Power Editor e ótimos conselhos sobre os anúncios de Facebook em geral.

Depois de lançar seu funil do Facebook e, então, melhorá-lo, você terá uma cadeia infinita de leads chegando todos os dias.

Na verdade, agora que falamos sobre a Nova Internet e lhe ensinei como ser um expert em anúncios do Facebook, você pode começar a ficar "ambicioso" e olhar para outras redes sociais e ferramentas que uso para obter mais tráfego, leads e vendas.

Capítulo 5

Estratégias Simples (Além do Facebook) que Geram Grande Tráfego e Leads para Seu Site e Landing Pages

O Facebook pode ser melhor do que qualquer outra coisa quando se trata de tráfego, leads e vendas, mas "qualquer outra coisa" também pode ser um reservatório inexplorado de tremendo crescimento. A chave é usar um bisturi, não um machado. A melhor estratégia é ir fundo em algumas táticas repetidas que funcionem para você e não ser muito disperso e jogar uma tonelada de coisas contra a parede para ver se colam. Você não pode dominar o Código de Conversão sem um diagrama. E o diagrama certamente evoluirá e mudará. Mas, se você adicionar mais a seu prato sempre que ler um novo post "como fazer" de um blog, assistir a um webinar gratuito ou participar de uma conferência sobre tecnologia, ficará cheio. Rapidamente, se tornará um conhecedor de todas as habilidades de marketing da internet, mas não dominará nenhuma.

Já mencionei anteriormente, mas acho que é bom falar novamente, antes de você entrar no assunto adiante. Se você pulasse este capítulo inteiro, ainda assim conseguiria dominar o Código de Conversão ao executar todo o restante.

Para a maioria dos negócios, é impossível ser ***ótimo*** em todas as áreas. Você pode ter contas no Twitter, LinkedIn, Instagram, YouTube e Pinterest. Talvez você inclusive os conecte em seu site e em sua assinatura de e-mail (se você precisa de uma nova assinatura de e-mail, veja WiseStamp).

Você pode até atualizá-los algumas vezes por semana. Mas o que essas contas retornaram por esse investimento? Provavelmente nada que você possa levar ao banco e depositar com dignidade.

Essa "corrida" digital, em uma tentativa de estar em todos os lugares e fazer tudo, pode ser tão mortal para um negócio quanto qualquer vírus. A cura é o pensamento crítico e mais focado nas poucas coisas que realmente importam. E, talvez ainda mais importante, seja escolher as ferramentas de que você realmente já gosta e usa.

Para mim, vídeo é ótimo para vendas, e eu gosto. Uma grande vantagem que experimentei usando vídeos como ímã primário de leads e na maior parte do marketing que faço, foi que meus leads podem realmente conhecer a mim e à minha empresa melhor do que poderiam por meio de um texto. Lembre-se de que palavras representam somente 7% de como as pessoas se comunicam. Quando alguém lê um artigo ou um post em um blog, aplica o tom e a fisiologia que espera conforme lê, e não o que você aplicou (a não ser que o conheça). Na câmera, 100% das maneiras como nos entendemos está em jogo.

É exatamente por isso que o cofundador da Curaytor, Jimmy Mackin, e eu temos um programa ao vivo na web (#WaterCooler) e produzimos inúmeros webinars, além de colocarmos no iTunes e Stitcher apenas o áudio de tudo o que fazemos, de graça. Tudo porque há uma grande diferença entre as pessoas ouvirem sobre você e ouvirem de você. O vídeo não permite ambiguidades em minha mensagem.

Resumo? Você quer produzir conteúdo que melhor combine com VOCÊ. Para algumas pessoas, isso significa escrever um post em um blog. Para outras, gravar um podcast para o iTunes, Stitcher ou SoundCloud. Também poderá ser um blog de fotos no Instagram e Pinterest.

Como é quase impossível fazer tudo o que está listado abaixo (a menos que você tenha uma grande empresa com toneladas de dinheiro e recursos), escolha sabiamente. Uma maneira fácil de fazer isso seria pensar sobre o que *você* mais gosta do que está listado abaixo, independente do volume de leads em potencial, oportunidades de anúncios ou algumas dicas espertas que parecem sedutoras. Você organicamente usa muito o LinkedIn? Fica no Instagram o dia todo? Você *ama* podcasts? Assiste ao YouTube mais do que à televisão? Se a resposta for sim, você terá uma vantagem competitiva quando começar a fazer anúncios e geração de leads lá. Eu, pessoalmente, descobri que as táticas a seguir possuem um retorno sólido com o tempo e dinheiro que gasto investindo neles.

E-MAIL MARKETING

Vou mais a fundo nas práticas recomendadas de e-mail marketing para acompanhamento de leads e campanhas de manutenção de leads a longo prazo, nos Capítulos 6 e 7. Não há melhor maneira de obter grande tráfego que consista nas pessoas mais propensas a comprar de você, com demanda e por quase nenhum custo, em seu site do que por meio de um e-mail de massa. Se você ouviu dizer que o e-mail morreu, precisa de uma nova fonte. Pode ser mais difícil do que nunca se destacar em uma caixa de entrada cheia, mesmo que as taxas de abertura de e-mail ainda estejam entre 21 a 23% e as taxas de cliques em 2,7 a 3% (de acordo com Mailchimp).[1] Isso significa que, se você tem uma lista no e-mail de 10 mil pessoas, pode fazer com que 2.300 delas abram algo e 300 cliquem em um link, sempre que quiser. Agora, imagine se você aplicar o que aprenderá na Parte 2 e obtiver aberturas e taxas de cliques significativamente maiores, como eu. E se tiver uma lista de mais de 10 mil e-mails? A matemática fica muito animadora.

O e-mail marketing é um componente importante do Código de Conversão. A maioria das empresas não está fazendo isso muito bem, ou nem faz. Um e-mail de massa bem criado pode não só lhe enviar um grande tráfego, mas os dados que você coleta sobre quem abriu e clicou em suas mensagens lhe ajudarão a identificar aqueles que "mais possivelmente comprarão" de você.

Acho que um número alarmante de pessoas, mesmo as que enviam e-mail de massa, não entende realmente o quão impactante ele pode ser. Você sabia que pode ver o tráfego de e-mail marketing no Google Analytics? Se usar o criador de URL do Google para rastrear seus links antes de enviar sua próxima campanha, você poderá entender melhor o impacto de seus e-mails. Imagine ter o discernimento adicional sobre quanto tempo as pessoas que clicaram no e-mail ficaram em seu site, quantas páginas adicionais elas olharam enquanto estavam lá e assim por diante.

Eu sempre redescubro que o tráfego do site gerado a partir da minha lista de e-mails cria um dos momentos mais cheios no site e visualizações da página por visitantes de cada uma das minhas fontes. Recomendar mais a leitura dos Capítulos 6 e 7, antes de você enviar seu próximo e-mail de massa, ainda não é suficiente.

REDIRECIONAMENTO

Uma das razões pelas quais recomendo a instalação de pixels de acompanhamento ou de redirecionamento/remarketing no Capítulo 1 é porque eles podem fornecer as melhores fontes de tráfego e leads, além de serem ótimos por "estarem em todo lugar" online, enquanto um provável comprador está procurando produtos e serviços que você pode oferecer.

Basicamente, o redirecionamento é o ato de apresentar anúncios adicionais a alguém que visitou seu site ou landing page. Com o pixel de acompanhamento apropriado, você pode acompanhar esses leads sem capturar seus e-mails ou números de telefone. Com as ideias que você aprendeu no último capítulo sobre marketing e anúncios no Facebook, combinadas com as que aprenderá neste capítulo, o redirecionamento é a cola que as une.

Pense desta maneira: não importa o que você faça, a maioria do seu tráfego não consentirá em receber sua comunicação. Mas o fato de eles terem visitado seu site é um *ótimo* indicador de que realmente precisam do que você vende. Usando o AdRoll ou o pixel de acompanhamento do Facebook, cada vez que alguém visita suas páginas, verá mais anúncios diferentes os "seguindo". Você provavelmente experimentou isso, se já visitou a Amazon ou a Zappos, quando começou a ver seus anúncios em seu feed de notícias imediatamente. Um pouco assustador? Com certeza. Eficaz? Sim!

Estabelecer uma campanha de redirecionamento é bem fácil. E você não terá que atualizá-la com frequência (tentamos renovar a nossa trimestralmente). Você está, basicamente, apenas criando anúncios antes de precisar deles, sabendo que eles gerarão leads a cada dia, conforme as pessoas visitarem seu site. Como qualquer outra coisa que você fizer online, a imagem é tudo. Certifique-se de que seus anúncios realmente apareçam. A maneira como você desenha um anúncio para um dispositivo móvel é bem diferente de como faz para o Facebook.

O redirecionamento fornece sete práticas recomendadas para as campanhas de redirecionamento:[2]

1. **Não oprima nem subestime**: Só porque alguém visita seu site não significa que você deve soterrá-lo com anúncios. Você também não quer mostrar poucos anúncios à pessoa. O redirecionador "descobriu que manter uma frequência de 15 a 20 impressões para cada um de seus usuários mensalmente é a maneira mais elegante de manter sua marca na lembrança".

2. **Certifique-se de que seus anúncios tenham uma boa marca**: A realidade é que a maioria dos anúncios não consegue cliques. Então, o redirecionamento precisa fazer mais por você do que obter cliques e leads; ele precisa construir sua marca e fazer com que seus consumidores digam que "vimos você por toda parte online". Você quer que seus anúncios fiquem bonitos e tenham uma forte chamada para a ação, mas também pode criar uma marca!

3. **Entenda sua janela**: Nem todos os leads clicarão em seu anúncio; alguns, na verdade, verão seu anúncio e, então, digitarão sua URL em uma nova aba ou janela. Então, quando isso acontece, deve ser considerada uma conversão. A maioria dos softwares de redirecionamento lhe fornecerá esses dados.

4. **Tenha uma rede incrível**: O redirecionamento não funciona bem se seu público for muito pequeno. Lembre-se de que esses anúncios estão condicionados a pessoas visitando seu site ou landing pages. Se necessário, você pode suplementar seus esforços de redirecionamento usando a Rede de Display do Google, para que consiga chegar a todos os seus consumidores em potencial conforme eles pesquisarem na web, não apenas aqueles que você marcou por visitarem seu site.

5. **Otimize seu funil de conversão**: Seus anúncios não serão importantes se não houver conversão para onde você os enviar. Certifique-se de usar todas as dicas de design de landing pages, sobre as quais falei no Capítulo 1, ao aplicar um anúncio de redirecionamento.

6. **Atinja um público acionável**: Quando você escolhe para quem vai redirecionar, não precisa escolher 100% de seus visitantes. Você pode, na verdade, redirecionar com base na página específica que visitaram. Imagine redirecionar apenas as pessoas que visitaram sua página de resenhas — e redirecionar mais resenhas a eles. Ou que tal mostrar às pessoas que chegaram à sua página de contatos e, então, afiançaram algumas chamadas para a ação adicional com o Entre em contato? Ao se manter micro em seu redirecionamento, você pode ter um macroimpacto em suas conversões.

7. **Segmente seu público ativo**: Você não só pode redirecionar por público, mas também pode "marcar" um público quando redirecionar. Isso pode ser útil se alguém comprar e você não quiser que veja mais anúncios. Ao colocar um pixel de marcação em sua pá-

gina de agradecimento ou confirmação de pedido, os anúncios serão desativados automaticamente. No futuro, você também pode lançar campanhas adicionais para esse público marcado. Quando usado adequadamente, isso pode criar uma venda sólida e oportunidades de retenção.

CURADORIA

Sou o cofundador da Curaytor, portanto, acho que você pode ter previsto isso! Você nem sempre pode ter o tempo ou a habilidade de criar conteúdo ou posts de blog originais. Mas já está compartilhando conteúdo que achou interessante ou útil em outros sites e blogs. A curadoria pode ajudar a manter seu público engajado ao encontrar e compartilhar bons conteúdos de outros lugares. Também pode ajudar a suplementar o conteúdo original que você cria. Mas sabia que você também pode usar conteúdo curado para direcionar tráfego e leads de volta a seu site?

O Snip.ly facilita muito "anexar uma chamada para a ação a cada link que você compartilhar". Mesmo que você esteja compartilhando um conteúdo do site de outra pessoa, pode direcionar o tráfego de volta ao seu usando botões e banners inteligentemente criados. O Snip.ly é como uma ferramenta Hello Bar ou Kissmetrics Engage, mas em vez de estar em seu site, você pode adicioná-la a qualquer site.

Você não só pode direcionar tráfego dessa forma, mas também pode colocar sua marca estrategicamente nos sites mais respeitados do mundo, de graça. Da próxima vez que você compartilhar aquele artigo informativo do *Wall Street Journal* ou do *New York Times*, todos que clicarem nele também verão seu "anúncio" (veja a Figura 5.1). Você pode até mesmo adicionar o plug-in Snip.ly ao Chrome para que possa fazer tudo isso com apenas um clique.

Figura 5.1 Compartilhe Este Conteúdo no Seu Site — Experimente o Sniply

Outra ótima plataforma para a curadoria (e se beneficiar dela) de conteúdo de terceiros é o Genius.com. Originalmente, um site no qual você podia adicionar anotações a canções de rap (o nome original do site era, na verdade, Rap Genius), o site evoluiu e, recentemente, tornou-se muito mais útil para os anunciantes ao permitir que você "adicione anotações linha a linha a qualquer página da internet". Imagine ler um resumo bem escrito das tendências atuais de sua empresa e poder destacar e adicionar algumas coisas *antes* de compartilhá-lo. Ao fazer isso, as percepções adicionais que você adicionou serão destacadas e clicáveis no texto. Convenientemente, você também pode adicionar links de volta aos seu sites, perfis de mídia social ou posts em blogs dentro das anotações que adicionou.

YOUTUBE

Se você está fazendo vídeos para seu negócio, mas não pensou neles como uma ferramenta de geração de leads, pense novamente. Um ótimo vídeo pode aumentar as taxas de conversão em uma landing page, passar melhor sua mensagem em um anúncio do Facebook ou comunicado de imprensa (eu uso PRWeb) e até aumentar suas taxas de e-mails abertos. O YouTube também pode ser uma importante fonte de tráfego para seu site, landing pages e ímãs de leads, graças à sua grande escala e por ser o mecanismo de pesquisa nº 2 do mundo.

Veja o que você pode fazer hoje para tornar o YouTube uma fonte de referência de tráfego e leads para seu negócio: vá em suas análises do YouTube e organize seus vídeos pelos mais vistos. Certifique-se de anotar o tempo médio de visualização nesses vídeos específicos. Em seguida, você vai adicionar o que o YouTube chama de "cartão" aos vídeos, em um intervalo de tempo que é cerca de 25% do tempo médio de visualização. Então, se eu soubesse que a média era de quatro minutos, colocaria o cartão na marca aproximada de 1 minuto. A ideia é que, se você mostrar o card do YouTube (que na verdade é apenas uma maneira de dizer anúncio pop-up com um link para onde você quiser) muito cedo, as pessoas não clicarão. E se você esperar muito, elas podem nunca vê-lo. Não há uma ciência exata aqui. Apenas certifique-se de que, no mínimo, esteja mostrando o cartão dentro do tempo médio de visualização daquele vídeo. Use os cartões para fazer o link para seus ímãs de leads mais relacionados ao conteúdo do vídeo. Então, se eu tivesse um vídeo no YouTube sobre anúncios do Facebook, por exemplo, usaria um cartão que fizesse o link para uma landing page na qual as pessoas também poderiam fazer o download de "27 Modelos de Anúncios do Facebook Comprovados que Você Pode Usar Hoje".

O que estou ensinando aqui pode ser feito para todos os seus vídeos do YouTube, mas tem mais impacto quando você usa com os mais vistos (ou os que você espera que sejam). Pense no cartão como um pop-up nativo. Você pode já ter um pop-up do SumoMe ou Kissmetrics em seu site; agora, tem um "pop-up" em seus vídeos também! Lembre-se de que, para dominar o Código de Conversão, você tem que ser intencional, não passivo.

Você também pode usar uma ferramenta de vídeo de marketing mais profissional, como a Wistia, que habilita captura de e-mail no vídeo e pode redirecionar para qualquer URL que você quiser ao final do vídeo. A Wistia também possui opções para personalizar melhor quando você incorpora o vídeo player e fornece análises mais detalhadas do que o YouTube. Usamos Wistia para nossos vídeos de vendas para podermos acompanhar a qual porcentagem do vídeo cada lead individual assistiu. Graças ao Zapier.com, que conecta serviços que não são normalmente integrados, posso até ter a sincronização dos dados do Wistia para os perfis do lead em meu CRM.

Os anúncios do YouTube são outro canal amplamente ignorado para gerar tráfego e leads significativos. Você pode criar anúncios do YouTube e orientá-los com base em localidade, gênero, idade, tópico do vídeo e/ou palavras-chave. Assim como com os cartões, os anúncios do YouTube podem fazer a ligação para uma landing page com um ímã de leads e formulário de captura. Também é possível fazer a conexão para outros vídeos que fez no anúncio, mas eu geralmente faço para uma landing page.

Há opções de anúncios TrueView, In Stream e In Display para escolher. Com TrueView, o YouTube pode garantir que seu anúncio será visto antes que o vídeo da pessoa comece. Com In Stream e In Display, ele colocará seu anúncio entre os outros vídeos sugeridos, enquanto a pessoa procura e assiste a outros vídeos no YouTube. Com muitas das ideias deste capítulo, não há escala suficiente para fazer um enorme progresso. Mas o YouTube tem uma escala enorme; então, você pode realmente impulsionar uma quantidade substancial de cliques e leads, se entender bem os anúncios do YouTube.

Ao criar um anúncio no YouTube, espero que seja óbvio que é importante usar um ótimo vídeo! Se seu vídeo for ruim, não importa o quão ótima seja sua landing page, porque ninguém a verá. A maioria dos anúncios de TrueView não será mostrada por mais de 15 a 30 segundos, então, mantenha-os pequenos.

Há um fenômeno no Vale do Silício, com startups fazendo "vídeos explicativos". Geralmente, eles têm menos de 90 segundos e contêm uma combinação de animação, capturas de tela e narração. O GoAnimate7 faz com que criar um vídeo você mesmo seja tão fácil quanto usar o PowerPoint. A escala a qual você quer focar aqui é a taxa de retenção do vídeo.

Se você tiver orçamento e investir pesadamente no YouTube como uma plataforma de anúncios, pode contratar muitas empresas que fazem esses vídeos explicativos. Basta procurar "empresas de vídeos explicativos" no Google e assistir a algumas de suas demonstrações, antes de decidir. Descobri que cada empresa tem seu próprio estilo, que você pode entender pelos exemplos de seu site, antes de pedir uma cotação. O preço pode variar de 500 a 10 mil dólares ou mais, dependendo da abrangência e qualidade do trabalho.

Meu último conselho sobre o YouTube é simples: Use suas análises para saber quais de seus vídeos funcionam e quais não. Nosso canal no YouTube possui mais de 5,5 milhões de minutos assistidos. Em um ponto, chegamos a aproximadamente 20 semanas direto, produzindo um programa ao vivo de uma hora. Mas foi muito exaustivo e soubemos que não podíamos continuar naquele ritmo. Por sorte, quando paramos um momento para examinar nossos dados, 10% de nossos episódios eram, na verdade, responsáveis por quase 90% de nossas visualizações de vídeos. Estava bem claro, depois de verificar nossas análises do YouTube, que alguns tópicos (como marketing de Facebook ou apps para dispositivos móveis) e ter um convidado notável (como Gary Vaynerchuk ou Gary Keller) levavam a exponencialmente mais visualizações e leads. Sabendo isso, era certamente mais fácil diminuir a frequência dos episódios, enquanto mantínhamos nossos episódios, tráfego e leads de melhor qualidade.

Dica de profissional: Recomendo muito que você faça o download do aplicativo para dispositivo móvel YouTube Creator Studio (este é diferente do aplicativo do YouTube para assistir a vídeos). Eles criaram um aplicativo separado para as pessoas que geram muitos vídeos e querem examinar os números de análises e engajamento ou responder aos comentários. Eu acho que na interface do aplicativo Creator Studio é muito mais fácil de navegar e entender do que na de análises do YouTube.

TWITTER

Na frente gratuita, acho o Twitter uma ferramenta valiosa para aprender e acompanhar o que faço. No entanto, acho que a única forma de utilizá-la como uma experiência boa para mim é usando listas. Na teoria, todos os que você segue no Twitter seriam incríveis. Mas você perceberá que a maioria dos usuários do Twitter são chatos e não são interessantes. Para não magoar ninguém ao deixar de segui-los, eu simplesmente nunca olho para minha timeline padrão (shh, não conte para as pessoas que eu sigo). Para que eu veja um tuíte, também devo adicionar a conta manualmente a uma lista do Twitter privada que criei, chamada "Gurus" (e, acredite, aposto que a maioria das pessoas naquela lista faz exatamente a mesma coisa — essa é a melhor prática aplicada por muitos outros usuários avançados do Twitter). Passei incontáveis horas adicionando à minha lista do Twitter as pessoas e companhias mais inteligentes em marketing, vendas e tecnologia. Isso me faz economizar horas semanais, porque agora todo o melhor conteúdo é filtrado e entregue a mim. Não preciso mais procurar — eu encontro.

Também adiciono à minha lista contas que quero observar, mas não seguir. Digamos que você queira ficar de olho no que um concorrente está compartilhando, sem dar a ele a satisfação de que você o "seguiu". Simples. Adicione-o à sua lista — não o siga. Na verdade, é fácil fazer com que suas listas do Twitter sejam privadas para que só você veja o que há nelas. Para contextualizar, esta é a relação de pessoas que sigo versus as que estão na minha lista. Ao escrever isto, eu estava seguindo 3.270 contas. Minha lista tem apenas 555.

Outra coisa na qual fico de olho é com que frequência estou sendo listado por outros no Twitter. É claro, parece ser legal ter mais de 30 mil seguidores (especialmente para um cara que nasceu em uma cidade com apenas 47 mil pessoas no total). Mas estou acompanhando mais de perto o número de vezes que fui listado, apesar de ser um número muito menor, mais de 1.300. Confira o seu agora mesmo. Quantas vezes você foi listado?

Uma forma de ser listado (e, então, visto) com mais frequência é ficar de olho em suas análises do Twitter. Não passo muito tempo nelas. Mas cerca de uma vez por mês, entro na Hootsuite ou no Twitter para ver quais foram meus top tuítes em Alcance, Cliques, RTs, @respostas e Curtidas. Também passo pelo Google Analytics para ver a profundidade e o tempo de permanência de meu tráfego de referência do Twitter.

Examinando seus principais tuítes por alguns minutos todo mês, você identificará claramente o que está "funcionando" e o que não está. Se perceber que tuítes com hashtags, fotos, links ou vídeos do YouTube são os melhores, faça mais desses. Se perceber que ninguém se envolve com seus tuítes sobre chegar a um novo nível do Candy Crush, pare.

Dica de profissional: Você pode aprender muito sobre sua escala do Twitter e ver quem é o mais engajado e influente de suas conexões. Commun.it, *Sprout Social e Klout oferecem o que eu chamaria de "percepções mais acionáveis" do que a ferramenta de análises nativa do Twitter faz. Eu também uso o Tweetbot no meu iPhone e Hootsuite no meu desktop, não o app do Twitter ou* Twitter.com. *Eu acho que os apps terceirizados do Twitter são frequentemente superiores aos nativos.*

Os anúncios do Twitter, como os do Facebook e do YouTube, se beneficiam da escala da base de usuários do Twitter e da profundidade das opções de direcionamento de dados. Você pode orientar os anúncios do Twitter por localidade, hashtags e contas que o seguem. Mas você sabia que pode visar aqueles que seguem outras contas em seu ramo? Ou contas que podem ser seguidas pelo seu público ideal? Por exemplo, um corretor imobiliário local em Las Vegas poderia visar contas hiperlocalmente, mas também poderia cruzar esses alvos com um critério como "eles TAMBÉM seguem HGTV, Zillow ou Louis Vuitton". Seu produto é o próximo grande tênis de basquete? Direcione seus anúncios do Twitter a usuários que já seguem @Jumpman23, @FootLocker e @Nike.

Ao criar seu anúncio, você pode escolher entre obter mais seguidores ou mais engajamento (cliques, RTs, respostas etc.) em seu tuíte. Neste momento, o preço para obter um clique de qualidade é acessível. Ele é mensal, porque ainda é muito difícil converter um clique do Twitter usando uma landing page, pois a maioria dos usuários usa o celular. O Twitter está trabalhando em soluções criativas para esse problema, como Cartões de Geração de Leads do Twitter, que são similares aos tipos de Anúncios de Lead do Facebook, sobre os quais falamos no último capítulo (é melhor que consigam, pois seus usuários dependem dessa capacidade para levar leads para marcas), mas, por ora, recomendo o uso de uma landing page "leve". Como falei no Capítulo 1, por "leve" quero dizer que você só peça e-mail e telefone. Neste ponto, é bem difícil conseguir que um formulário longo seja preenchido após um clique no Twitter.

O legal do redirecionamento e de ter o acompanhamento do Facebook ou o pixel do AdRoll instalados em seu site e em todas as landing pages é que apenas o clique basta. Posso conduzir milhares de cliques do Twitter para um artigo e eu não poderia me importar menos com quantos capturaria enquanto estivessem lá, porque sei, com base apenas em sua visita, que serão lançados um anúncio no feed de notícias do Facebook e uma campanha de redirecionamento. Sou especialmente otimista quanto aos anúncios redirecionados do Facebook. Você pode configurar uma campanha de redirecionamento para alguém que esteja visitando seu blog, para que, da próxima vez que entrar no Facebook, a pessoa veja um anúncio que diga: "Obrigado por olhar meu blog. Eis um download grátis de X de que você provavelmente também gostará". Então, você terá cultivado o lead no Twitter e o enviado para seu site, o que fará com que surja um anúncio no feed de notícias do Facebook e, conforme a pessoa navega na web, links para uma landing page. Bum!

Não importa qual das ideias deste capítulo você acabará usando para gerar mais tráfego, lembre-se de que ter por trás uma campanha de redirecionamento comprovada permitirá que você se estresse menos com capturas imediatas nos momentos mais difíceis.

INSTAGRAM

Conseguir mais seguidores no Instagram requer algumas táticas comprovadas. Uma maneira óbvia é tirar e compartilhar fotos incríveis. Outra é usar hashtags populares e relevantes. TagsforLikes.com facilita a procura, a cópia e a colagem das hashtags mais populares do Instagram, seja por palavra-chave ou tópico. Outra maneira de conseguir mais seguidores no Instagram é curtir diversas fotos em seguida na mesma conta e, então, segui-la. Dessa forma, é impossível que não percebam seu engajamento ao verificarem suas notificações.

Também descobri que imagens com citações fazem um trabalho excepcional no IG e podem ajudar a aumentar sua conta de seguidores e nível de engajamento. Tente usar uma ferramenta simples, como a Pablo, da Buffer, ou um app para dispositivo móvel, como Over ou Retype, para criar versões profissionais em segundos.

O que mais me anima com relação ao Instagram, no entanto, é a plataforma de anúncios. Minha animação vem mais do fato de que eles pertencem ao Facebook, que demonstrou que acredita na importância de anúncios de qualidade e do retorno sobre o investimento. Combine isso com a escala que o Instagram atingiu neste momento e o valor dos anúncios na plataforma parece óbvio.

Uma das críticas dos anunciantes com relação ao Instragam era que não havia a possibilidade de ter um link em seus posts ou fotos, apenas em sua biografia. Os anúncios corrigiram isso. Com eles, você pode fazer um link para uma landing page ou site. Os anúncios do Instagram são tão integrados com o Facebook que eu até tive que usar o Power Editor do Facebook para configurar o meu primeiro. Se você combinar os viciados em Instagram e os dados incríveis dos usuários diários do Facebook, terá um casamento feito no paraíso do Código de Conversão.

Apesar de ser muito cedo para fornecer uma lista bem verificada de anúncios que funcionam no Instagram, as práticas recomendadas de uma plataforma geralmente ditam quais serão as práticas recomendadas para anúncios. Meus testes sobre o custo por clique dos anúncios, volume de cliques, taxa de conversão, tempo no site e visualizações da página por visitante no Instagram foram todos bem sólidos. Como fui tão bem, nunca tendo feito nenhum anúncio no Instagram? Se sabemos que fotos incríveis, filtros, hashtags e texto em imagens funcionam bem em perfis pessoais e posts não pagos no Instagram, isso também deve valer para as práticas recomendadas de anúncios. Só fiz anúncios que estavam de acordo com o ecossistema já estabelecido; portanto, eles funcionaram.

BLOG DE CONVIDADOS

Um fenômeno relativamente novo que vale notar e aproveitar ocorreu há alguns anos. Quando comecei a fazer um blog, era 100% minha responsabilidade fazer o conteúdo dele. Essa é a principal razão pela qual muitos blogs tornaram-se cidades-fantasma. Não é exatamente divertido passar horas pesquisando e escrevendo um post incrível, tudo para descobrir que a única pessoa que leu e compartilhou foi sua mãe.

Hoje, você pode dar um pulo na Medium ou no LinkedIn e publicar um post que pode ser visto pelos leitores deles, não seus. Na primeira vez que publiquei um post na Medium, ele recebeu mais de 17 mil visualizações — das quais 99% vieram da comunidade deles, não da minha. É claro, dentro do post eu tinha vários links para as minhas coisas, o que me rendeu um tráfego sólido. Foi assim: estudei o ecossistema da Medium e pensei criticamente sobre o que eu deveria publicar lá. Eu sabia que meus posts típicos "como fazer" não seriam virais. Então, escrevi um texto sentimental sobre minha esposa e filhos estarem longe no verão e o quão mais difícil foi por ficar sem telefone por um dia ou dois. A comunidade da Medium amou e recomendou, e a Medium o colocou na página principal e em outras páginas-chave de sua plataforma.

Você também deve identificar quaisquer blogs ou sites que são influentes em seu ramo e enviar algum conteúdo original para eles publicarem. Inman News está no ramo das imobiliárias há mais de 20 anos e alcança um público de nível C que eu normalmente não alcanço. Então, algumas vezes por ano, envio um conteúdo ótimo para Inman que eu sei que seus leitores vão amar e compartilhar. Acho que quando você envia um texto para qualquer fonte externa ou blogger e adiciona "meu último artigo obteve mais de 17 mil visualizações e centenas de compartilhamentos sociais" ou "também posso enviar este texto por e-mail para a minha lista de mais de 15 mil e-mails", eles não fazem muitas perguntas.

Quando você fizer um post como convidado, certifique-se de ter uma linha em que aparece o nome de um bom autor, com links para seus melhores conteúdos. Inclua também alguns links no artigo para outros artigos seus, que sejam relevantes para o que eles estão lendo e que estão em seu site. É um fluxo muito natural alguém ler um post incrível de um novo autor, ver quem o escreveu e ir mais fundo, talvez verificando no Twitter ou visitando seu site. Certifique-se de tornar isso um requisito, em troca por fornecer conteúdo grátis.

PODCASTING

Sou viciado em podcasts. Eles preenchem perfeitamente a lacuna entre texto e vídeo, criando um terceiro canal, que inclui novos e inexplorados momentos para se conectar com prováveis compradores. As pessoas amam nosso programa online. Mas não podemos esperar que elas o assistam enquanto dirigem, caminham ou tomam banho. Ter um conteúdo de qualidade, com ímãs de leads e ofertas bem colocadas, para esses longos "tempos ociosos", está se tornando uma obrigação. Os podcasts não trazem de volta a fisiologia, como os vídeos, mas nem todo mundo fica bem em vídeos e os podcasts ao menos recuperam seu tom.

Os podcasts são os novos blogs, de muitas maneiras. Ao olhar para o horizonte do influencer marketing (ou marketing de influência), muitos (se não a maioria) dos blogueiros que conseguiram uma grande quantidade de seguidores escrevendo, mudaram para o podcast ou adicionaram um (ou mais) ao seu arsenal.

Se você vai levar o podcast a sério, ferramentas profissionais são necessárias. Se o som de seu podcast for ruim, seus resultados serão igualmente ruins. Assim que nosso programa da web decolou, sabíamos que deveríamos reinvestir. Mesmo que nosso programa originalmente seja transmitido ao vivo no YouTube, é uma conversa que gera seu conteúdo. Não usamos slides ou compartilhamento de telas — usamos apenas o Hangouts do Google, temos um ótimo convidado e conversamos sobre o porquê de ele ser tão bem-sucedido. Sabendo que os podcasts poderiam ser úteis para nos ajudar a atingir um novo público em novos momentos (e como o programa já dava dinheiro no formato de vídeo), nós compramos microfones Heil e mixers Mackey para que, quando extraíssemos o arquivo MP3, ficasse tão bom quanto quando gravávamos apenas o podcast.

Para ter uma perspectiva dos resultados da publicação de nosso conteúdo em múltiplas plataformas, agora, quando obtemos 10 mil visualizações para um vídeo no YouTube, conseguimos um adicional de mais de 3 mil downloads no iTunes e Stitcher. Eu uso Libsyn e Amazon Web Services para hospedagem e análise. Mesmo que você não esteja pronto para se tornar um produtor de podcast profissional, mas já quiser experimentar, tente o SoundCloud e seu celular. Você pode incorporar os resultados em seu site e compartilhá-los ou pode compartilhar diretamente do SoundCloud (que tem uma comunidade interna que também pode descobri-lo, como o YouTube faz com vídeos e a Medium com conteúdo escrito).

Dica de profissional: Adicione bumpers no começo e no final de seu podcast, com chamadas para a ação claras, como "Envie este código para este número para ganhar um brinde" ou "Vá para nosso site .com/podcast podcast para fazer o download de comentários sobre o programa e uma lista de todos os recursos mencionados no ar". Você não quer simplesmente ter milhares de ouvintes. Você também quer milhares de leads.

Mesmo que você não comece um podcast, pense em anunciar em um. Eu posso, literalmente, nomear cada patrocinador dos meus podcasts preferidos e já agi em várias de suas ofertas. Minha empresa, inclusive, contratou um advogado ao ouvir sobre seus serviços em um anúncio de podcast. Meu cofundador comprou um anel de noivado de uma empresa que ele ouviu anunciando na rede Pandora. Há algo sobre repetição combinada a anúncios de auditório que realmente cola. Vende coisas em Boston? Tenho certeza de que há um podcast ÓTIMO com um fã radical de Boston e tenho certeza de que eles precisam de alguns patrocinadores.

Se os anúncios do YouTube são os novos anúncios de televisão de baixo custo/baseados em resultados, então, os podcasts e Pandora são os equivalentes para o rádio.

WEBINARS

Tenho certeza de que você participou de algum webinar nos últimos anos. Mas você já os usou como ferramenta de geração e conversão de leads? Se não, você está perdendo MUITO. Webinars abrem dois tipos de abordagens de vendas para você: a grupal e os 90% grátis. Use-os para ir além da opção de compra e venda "individual".

Isso revela um enorme tipo de lead: há uma grande porcentagem de pessoas que não quer ficar cara a cara com um vendedor. Ponto. Também há uma grande porcentagem de pessoas que não ouve um discurso de vendas de nenhum tipo.

Ao ter uma opção de "grupo de demonstração", você pode atrair pessoas que geralmente evitam os encontros cara a cara. E ao ter o "gratuito" (significando que você passa os primeiros 90% do webinar ensinando e não vendendo, depois, vendendo rapidamente e fechando com uma oferta sólida nos últimos 10%), você pode atrair exponencialmente mais pessoas com um ensino de marketing versus marketing de vendas. Na verdade, digamos que você consiga cinco vezes mais participantes em um webinar com valor agregado do que quando faz um para vender. Na minha empresa, podemos obter mais de 5 mil inscrições para um webinar focado em aprendizado. Em comparação, obter 500 pessoas em uma demonstração de vendas seria sólido. Mas o fato de você não tentar vender o tempo todo não significa que feche em uma taxa 5 vezes menor do que suas vendas cara a cara. Na verdade, como você consegue muito mais pessoas conectadas quando o conteúdo é ótimo, os resultados podem ser realmente melhores.

Sempre que você fizer um webinar grande, esse também pode ser um ótimo dia de tráfego para seu site e landing pages. Descobri que ter alguns links prontos para colocar no chat conforme apresento e, então, mencioná-los conforme falo, pode trazer uma tremenda quantidade de tráfego e consentimento na comunicação.

Um webinar bem apresentado, com uma oferta bem posicionada, pode fornecer uma taxa de vendas mais alta do que você imagina. Mesmo que aquilo que nós vendemos na Curaytor custe mais do que mil dólares por mês, eu consistentemente fecho com 10% ou mais de nosso grupo de participantes do webinar. Faço a oferta e mostro um número para ligarem (uso BetterVoice.com para rastrear o número de ligações e traçar a rota dos leads e de quaisquer chamadas perdidas para nosso CRM). Eles ligam para obter a oferta imperdível. Meu time de vendas usa o roteiro da Parte Três deste livro para fechar com eles na taxa mais alta possível. Além disso, o bônus adicional é que você aumenta sua lista de e-mails mais rapidamente quando é feito o teste A/B em relação ao marketing somente com abordagem de vendas.

Não pense em nossas opções de vendas apenas como ligações e demonstrações privadas, todas focadas em nosso produto ou serviço. E não se esqueça de que as pessoas que participam desses webinars são frequentemente aquelas com as quais você ***nunca*** teria fechado negócios antes, porque sem os webinars você não estaria dando uma opção que elas escolheriam. Uma vez que o webinar termine, coloque a gravação no YouTube e, então, a inclua em um novo post em seu blog. Não se esqueça de que as gravações do webinar também são ótimas para e-mail marketing, anúncio do Facebook e conteúdo de landing pages.

Dica de profissional: Se começar a produzir webinars, você quer que no mínimo 50% dos que se registram também participem. Alguns chamam isso de "taxa de participação". Certifique-se de enviar um lembrete suplementar por e-mail. Não confie só na ferramenta de webinar que você usa para fazer o acompanhamento. Além disso, nem todos vão ligar ou mandar e-mail, mas descobri algo que obtém mais chances de um "estou pronto para comprar" a partir de meus webinars — quando você fizer sua oferta no final, diga a todos que querem comprar para que coloquem os telefones na caixa de chat assim que possível. É bonito ver aqueles números chegando na caixa de chat do GoToWebinar. Na hora em que você fechar o webinar, faça um relatório de participantes e comece a discar. Todos os números que eles colocaram na caixa estará em um arquivo CSV.

Hacking de Crescimento

Eu odeio o termo, mas hacking de crescimento é uma tática que pode dar um grande retorno quando executada adequadamente. Isso pode significar um milhão de coisas diferentes. É assim que penso sobre isso e como utilizo para obter mais leads e fazer mais vendas.

Quem você conhece que possui uma lista imensa de e-mails ou presença em mídia social que não coincida tanto com a sua, mas consista em pessoas que podem comprar de você? Se você fornecer valor o suficiente e tiver um relacionamento forte, "usar" o público de alguém para fazer o seu crescer pode causar um grande impacto. Eu coloquei "usar" entre aspas porque não quer dizer que você pegou, literalmente, a lista de e-mails deles ou que eles pegaram a sua. Vocês só trabalham juntos em campanhas criativas que podem ser promovidas para os dois.

Eu trabalhava para uma empresa chamada Move Inc. Com um acordo que eles tinham com a National Association of Realtors, para operar a Realtor.com usando a marca deles, obtiveram acesso a praticamente todos os endereços de e-mail de todos os corretores de imóveis nos Estados Unidos (bem mais de 1 milhão) e obtiveram permissão para publicar aquela lista (contanto que concordassem com algumas orientações). Meu público é experiente em tecnologia, adotadores da produção máxima. O público deles é qualquer corretor com disposição. Então, quando nos unimos para fazer um webinar juntos, eles conseguiram para mim milhares de leads que eu não poderia ter conseguido de outra forma, e a marca deles ficou diante de meu modesto, mas procurado, público. Já colaboramos com sucesso diversas vezes, frequentemente conseguindo o registro de mais de 5 mil pessoas. Quatro mil das quais vieram da lista deles, não da minha.

Marketing de Influência

Quando comecei a usar o Twitter, eu estava definitivamente "fazendo errado". Tudo o que fiz foi conectar um app que levaria minhas atualizações do Facebook para o Twitter como tuítes. Então, configurei alguns tuítes como spams que eram repetidos toda semana e nunca logava novamente. Não foi surpresa que, na primeira vez que olhei como meus tuítes estavam se saindo (quase todos eles tinham links para meu site), descobri que não tinham nenhum impacto.

Então, voltei atrás e vi o Twitter como um lugar para encontrar, seguir e conectar com as mentes mais brilhantes de meu ramo. Acontece que eu não estava sozinho — de certa forma, a maioria deles não sabia como usar o Twitter. Então, eu aprendi com o tempo, e o que aprendi foi que, embora você certamente pudesse compartilhar seus links, era uma etiqueta apropriada compartilhar os dos outros mais frequentemente. Assim, comecei a tuitar e a mencionar pessoas que eu admirava e também comecei a retuitar seus melhores tuítes. Não demorou muito e eles começaram a retornar o favor! Depois de 30 dias que troquei minha estratégia, meu tráfego no Twitter mais do que triplicou. Mesmo que eu tivesse tuitado uma fração de vezes do que eu fazia antes, porque agora o tráfego vinha DELES.

A mesma ideologia se aplica a qualquer influenciador. Como Gary Vaynerchuk diria, você tem que socar, socar e socar, antes de acertar o golpe correto. Uma vez Robert Scoble e Mari Smith compartilharam o mesmo link para meu blog, com uma entrevista que fiz com um amigo que tinha uma página do Facebook com mais de 47 mil fãs (eles eram chamados assim na época). Em pouco tempo, havia mais de 6 mil pessoas no meu site ao mesmo tempo! Lembre-se, eu tinha acabado de passar das 3 mil visualizações em um dia. Agora eu tinha 6 mil de uma vez.

Ao tentar fazer com que influenciadores ajudem a distribuir seu conteúdo, seria mais provavelmente soco, soco, soco, soco, soco, soco, soco, soco, cruzado de direita. Ao menos eu estava no radar da Mari. Mari estava no radar do Robert. Como? Escreva sobre eles. Escreva sobre o que eles escrevem. Compartilhe as coisas deles. Envie e-mails. Mas também seja realista. Você pode até babar o ovo de todos os ângulos certos, mas se não tiver um conteúdo nota 10 para que eles compartilhem, você está sonhando se acha que eles compartilharão algo medíocre. Eles se tornaram influentes por serem excelentes, não medíocres. Seja como eles.

Como mencionei ao abrir este capítulo, "qualquer outra coisa" (além do Facebook) pode ser uma reserva de tremendo crescimento. É inteiramente possível experimentar um tremendo crescimento sem nada, a não ser o Facebook, como seu foco principal. Se você decidir ir além do Facebook, espero que executar essas ideias específicas que forneci lhe ajude tanto quanto me ajudou. Conforme as escolhas de onde alguém pode comercializar online continuam a aumentar, certifique-se de usar a rede social com um plano e um propósito, em vez de não trabalhar socialmente.

Na Parte Um você aprendeu a decifrar o Código de Conversão ao capturar mais leads. Mas a fortuna está no acompanhamento! Agora, é hora de criar compromissos de qualidade e vendas a partir de todos os leads da internet. A Parte Dois fornecerá o diagrama para transformar leads novos e antigos em compromissos. Então, na Parte Três, ensinarei exatamente o que dizer ao telefone para um lead da internet, para que ele diga "sim".

Parte

II

Crie Compromissos de Qualidade

A CRENÇA DO PROGRAMADOR

CADA **SEGUNDO** CONTA

ZERO **CHAMADAS** FRIAS

EMPRESAS HUMANAS **VENCEM**

O **SEGREDO** ESTÁ NO **ACOMPANHAMENTO**

CADA PALAVRA **CONTA**

#OCódigodeConversão

Capítulo 6

Como Usar CRM, SMS e Automação de Marketing para Transformar Imediatamente um Novo Lead em Compromisso

A geração de leads da internet (e a maioria das coisas que ensinei na Parte Um) é relativamente nova. Como muitas empresas ainda estão tentando decifrar o código de geração de leads que você acabou de aprender, ainda não percebem que há um código muito mais difícil e importante a ser decifrado em seguida: o código de conversão de leads.

Os dados a seguir *(fonte: Move Inc.)* do setor imobiliário sobre o aumento do volume de leads online entre 2011 e 2014 resume perfeitamente o que está acontecendo em cada ramo. Há MAIS leads do que nunca, mas encontrar as agulhas no novo palheiro gigantesco exigirá um plano.

Em 2011, havia 2,9 milhões de leads no setor imobiliário gerados online e 4,4 milhões de vendas. Em 2014, o número de leads aumentou tanto que chegou a 40,6 milhões, enquanto as vendas aumentaram para apenas 5,1 milhões.

O propósito desta parte é ajudá-lo a identificar clara e rapidamente os melhores leads para ligar e usar o script que você logo aprenderá na Parte Três.

O marketing alimenta compromissos. Os compromissos alimentam vendas. As vendas alimentam nossos filhos.

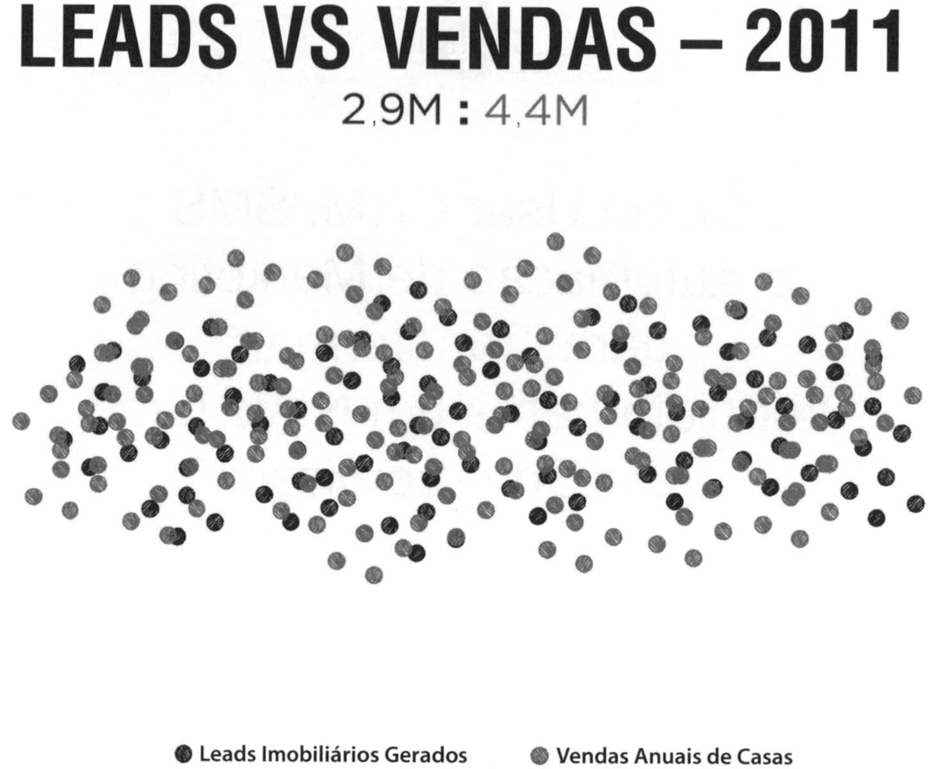

Figura 6.1

O SEGREDO ESTÁ NO ACOMPANHAMENTO

Agora que você tem leads chegando regularmente, o trabalho real começa: garantir a criação de compromissos de venda de qualidade em uma base sob demanda consistente. Na Parte Dois, ensinarei como transformar leads da internet "ruins", antigos, novos e excelentes em compromissos e mostrarei como uso a automação e mais uma pessoa (programador) para transformar novos leads em compromissos instantâneos para meu time de vendas (vendedores). A tecnologia será uma grande parte disso, mas ter a pessoa certa posicionada é ainda mais importante.

Antes de prosseguir, você precisa decidir em que barco você está com relação aos recursos. Em um mundo perfeito, você tem alguém dedicado a ligar para todos os leads o mais rápido possível, em uma tentativa de marcar com eles rapidamente uma ligação mais demorada para seu time de vendas "real". Assim que dizem que querem conversar mais

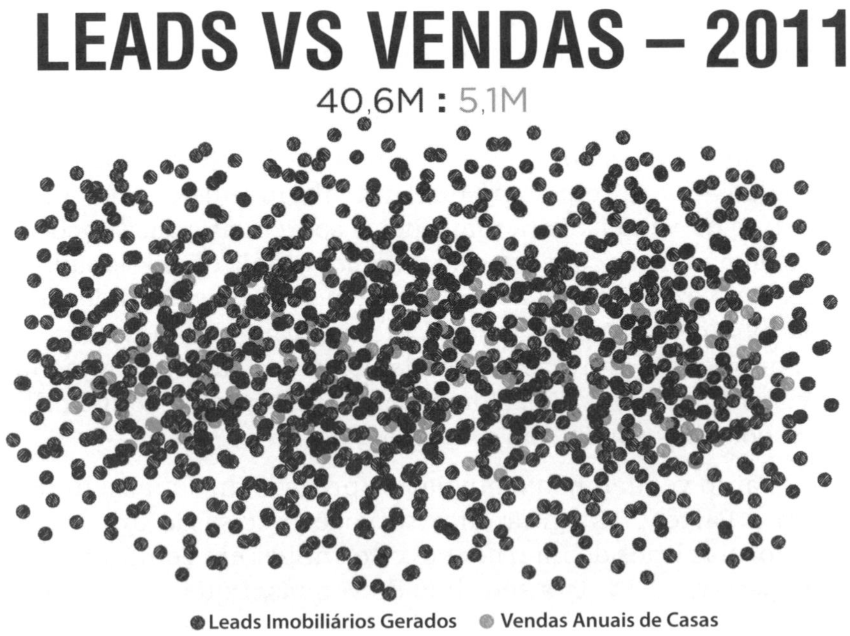

Figura 6.2

e que estão interessados, só então o vendedor entra. Você pode "transferir" o lead na hora ou marcar para um futuro próximo. Na próxima parte, apresento a venda 20/20/20. Se você tiver o que se chama associado de vendas interno em seu time, ele fará basicamente o que equivale aos primeiros 20: obter controle, ir a fundo, qualificar e descobrir objeções, antes de transferir para um vendedor. Outra forma de usar o associado é pedir para que ligue para seus antigos leads, para que seus vendedores mais altamente comissionados não recebam um não com tanta frequência. Quando um vendedor pode focar a venda, enquanto um programador foca compromissos, você cria uma qualidade de vida muito melhor para todos.

Com muita frequência, vendedores talentosos aceitam um emprego pensando que seus leads e compromissos já estariam prontos para eles e que só precisariam vender, apenas para descobrir depois que também têm que passar muito de seu tempo fazendo prospecção telefônica e procurando leads que *nunca* comprariam no momento, mas podem estar prontos para marcar uma ligação um pouco menos informal, se você os pegar na hora certa, com o script certo. Os vendedores deveriam vender, não agendar.

Se você for o programador e o vendedor, fica mais difícil, mas não é impossível. Na verdade, quando começamos a Curaytor, eu era o anunciante, o programador e o vendedor! Acho que não sou o único que teve que exercer mais de uma função. E, mesmo que tenha sido difícil e que eu tenha começado a perder minha sanidade, consegui alguns milhões de dólares de renda anual sem nenhum funcionário adicional em marketing ou vendas. Para mais ideias sobre ter várias funções e os benefícios de não fazer com que seu vendedor mais comissionado ligue para leads, em vez de passar a maior parte do tempo vendendo, dê uma olhada no livro de Aaron Ross, ***Predictable Revenue*** (Rendimentos Previsíveis, em tradução livre), em que ele compartilha como aumentou o time de vendas interno na Salesforce.com para um canal de 100 milhões de dólares por ano usando esta metodologia.

Se você vai só vender, não anunciar ou programar, sinta-se livre para pular para a Parte Três agora. Mas se você precisa de um diagrama para transformar leads de internet novos e antigos em compromissos de qualidade para você ou para seu time de vendas, fique aqui e continue lendo.

Leads não têm função se ninguém trabalhá-los e acompanhá-los de maneira sistematizada, estratégica e repetida. Me surpreende que as pessoas estejam dispostas a gastar uma pequena fortuna em leads, mas não fazem a cobertura de suas apostas e gastam quase tanto tempo, dinheiro e recursos para convertê-los em compradores.

Se um aprendizado da Parte Um foi que a geração de demanda é maior que seu cumprimento, pense no que você aprenderá na Parte Dois quanto à geração de compromissos ser melhor do que a de leads.

Compromissos nos deixam um passo mais perto do nosso objetivo real: vender (Parte Três).

VELOCIDADE + TENACIDADE + ROTEIRO = MAIOR TAXA DE CONVERSÃO POSSÍVEL

Como a geração e conversão de leads de internet são tão recentes, o ***melhor*** conselho sobre conversão normalmente é fundamentar acerca da velocidade de resposta (veja a Figura 6.3).

E sobre ser tenaz no número de tentativas de acompanhamento que você faz (veja a Figura 6.4).

Resumo? ***Velocidade*** e ***tenacidade*** (mais o uso do roteiro da Parte Três), o que chamo de venda VTR, são a única maneira de decifrar o Código de Conversão.

Lembre-se desta citação (e nunca a esqueça) de *Irreversível,* de Gaspar Noé, ao pensar sobre o acompanhamento de leads: "O tempo destrói *tudo*". Sua capacidade de converter um lead de internet será diretamente impactada pela de contatá-lo *rapidamente*.

Na verdade, você tem 100 vezes mais chances de transformar um lead em uma conversão nos primeiros cinco minutos, do que depois de 30 minutos. Além disso, você pode aumentar a porcentagem de leads que contata de 48 a 93% ao ligar seis vezes, não uma. Não ligue no primeiro dia e novamente no segundo. Ligue no minuto 1, no minuto 10, no minuto 30, na hora 3 e no dia 2, por exemplo. Enquanto isso, o tempo mediano para uma empresa que liga de volta é de três horas ou mais e 47% das empresas *nunca* sequer respondem, e ainda culpam os leads de serem "ruins".

Figura 6.3 Impacto da Velocidade de Resposta na Conversão de Lead

Figura 6.4 Os Melhores Números de Ligação

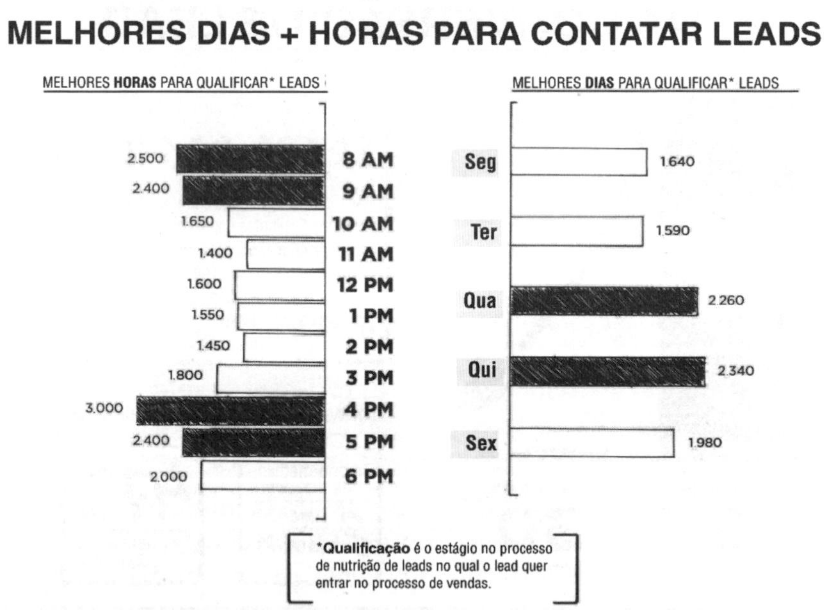

Figura 6.5 Melhores Dias + Horas para Contatar Leads

Também ajuda saber que ligar para os leads em determinadas horas e dias é melhor (veja a Figura 6.5). A hora ideal para ligar para leads a fim de convertê-los em compradores é entre 8h e 10h, e 16h e 18h. Ligar na quarta ou na quinta-feira lhe dá a melhor chance de conseguir falar com alguém. Isso faz muito sentido. Você pode telefonar para alguém ANTES do dia começar ou conforme está acabando. Você também tem chances muito melhores de entrar em contato com alguém no meio da semana do que em uma segunda ou sexta-feira. Basicamente, quando as pessoas estão indo ou voltando do trabalho no meio da semana é quando você tem a melhor chance!

Mas, vamos ser honestos: o ideal é ter alguém no seu time ligando o dia todo, todos os dias. Para aqueles que simplesmente não conseguem ligar para os leads o tempo todo, certifiquem-se de usar um bisturi ao agendar suas ligações de vendas obrigatórias. Infelizmente, conheço MUITOS vendedores que NUNCA começam o dia às 8h e saem às 16h.

Além de ligar rapidamente e com frequência, para o qual você deve criar lembretes na forma de um plano de ação aplicado a todos os novos leads em qualquer CRM, você também deve usar e-mails automatizados e mensagens de texto para complementar suas ligações rápidas, para conseguir a maior taxa de conversão possível.

SMS > E-MAIL

Quando consigo um novo lead a partir de uma de nossas landing pages que coleta um número de telefone, uso um SMS automático com código mesclado que diz: "Oi, [primeiro nome do lead]. Consegui suas informações do [nome da fonte]. Podemos conversar agora?" Geralmente obtemos mais *respostas* para esse texto do que *aberturas* de nosso primeiro e-mail. Por quê? A velocidade é importante, assim como a personalização; além disso, nossas caixas de entrada são lotadas em comparação com nossas mensagens SMS.

Usamos um CRM chamado Follow Up Boss, que envia a mensagem de texto para nós (e também envia nossos e-mails), mas há outras ferramentas por aí, como Twilio, BetterVoice ou SendHub, que têm opções de SMS automático (também SMS de massa) bem organizado.

Outra maneira de usarmos SMS para criar compromissos com nossos leads é colocar uma dúzia ou duas deles em uma lista e mandar uma mensagem (se você enviar para menos de 25 por vez no SendHub, ele não permitirá incluir a opção "RESPONDA PARE SE VOCÊ NÃO QUISER RECEBER MAIS") perguntando se eles têm tempo para uma ligação hoje. "Olá, [primeiro nome]. É o Chris, da Curaytor. Você pode conversar?" é basicamente o necessário para receber muitas respostas, contanto que você foque os melhores leads que abrem e clicam nos e-mails ou que visitaram seu site mais recentemente.

Usar mensagens SMS de massa ou automáticas para converter novos leads é uma das maiores oportunidades inexploradas na conversão de leads hoje.

E-MAILS QUE FUNCIONAM

O fato de você ligar e enviar uma mensagem não significa que não deve enviar também mensagens automatizadas para seus novos leads conforme eles chegam. A primeira mensagem é bastante importante, pois terá o maior número de abertura dentre todas as que você enviar. Não posso acreditar na quantidade de empresas que desperdiçam essa oportunidade, enviando algo como: "Obrigado por sua pergunta. Entraremos em contato". Eu deveria me impressionar ou responder a isso?

Em vez disso, crie um e-mail inicial que seja mais humano, solicite uma resposta e pareça menos rígido, como: "Acabei de receber suas informações do Zillow. É uma boa hora para conversarmos?", ou: "Agradeço por ter preenchido o formulário em nosso site. Sei que pode ser assustador fazer isso. É uma boa hora para a gente conversar?"

Não pense em seus e-mails para novos leads como conversores — pense neles como iniciadores de conversa. De qualquer forma, eles com certeza levarão a conversões mais rapidamente, porque são as conversas que criam vendas, não os e-mails.

Além da primeira mensagem, desenvolva muitas outras que você sequencie e distancie estrategicamente. Quando obtenho um novo lead, envio a ele um e-mail automático nos dias um e dois e, então, novamente nos dias quatro e sete. São quatro e-mails de acompanhamento na primeira semana, em comparação a outras empresas que nem mesmo acompanham uma vez. Como os e-mails que envio são muito simples e humanos, as pessoas geralmente respondem. Imagine isso. Não há sentimento melhor do que obter um lead e uma resposta dele em seu primeiro e-mail automatizado. Infelizmente, não há uma sequência ou espaçamento perfeito, mas lembre-se de que todo dia e semana que passam diminuirão suas taxas de abertura e de cliques com um lead.

Na verdade, como as taxas de abertura de e-mail diminuem tão drasticamente com o tempo, você aprenderá no próximo capítulo que, na verdade, não envio nenhum e-mail automático para os leads depois de seis meses. Tudo o que envio a partir de então é novo e em tempo real.

Outra mensagem a ser acrescentada às suas campanhas para novos leads (ou para enviar a todos os seus leads de uma vez só) é o e-mail "apenas para fazer contato". Para nós, este é o melhor:

> **Assunto**: Fazendo contato
> **Corpo**: Estou fazendo contato apenas para saber se você precisa de algo de mim hoje.

É isso. Não estou brincando. Passei horas e horas em e-mails mais longos e bem escritos, tentando impressionar os leads. Eles nunca são melhores do que essa abordagem para iniciar uma conversa.

Dica de profissional: Se você tiver nomes ou outros dados de seus leads, certifique-se de usar códigos mesclados. Você pode até colocar códigos mesclados nas linhas de assunto e em mensagens SMS para que, mesmo que sejam automatizadas, pareçam pessoais. Por exemplo, se um corretor de imóveis obtivesse um pedido de valor de casa que incluísse um endereço, ele poderia mesclar aquele campo em sua resposta para que ficasse: "Assunto: Valor de Casa para [endereço]", ou, se você tiver apenas um nome, pode enviar coisas como "Chris, veja esta nova listagem". Os dados mostram que usar essa personalização pode aumentar significativamente as aberturas, os cliques e as respostas.

Ao fazer ligações, enviar textos e e-mails bem próximos um do outro, você contatará leads na maior taxa possível. Pense no telefone, e-mail e mensagem como um time, não como jogadores individuais. O legal é que você pode automatizar tanto o e-mail quanto a mensagem de texto. Se você vai ligar, também deve enviar uma mensagem, para o caso de não atenderem. Ou, depois de enviar um e-mail, envie uma mensagem para que saibam que está em sua caixa de entrada. Ou ainda, conforme você aprenderá no próximo capítulo, depois de enviar um e-mail de massa, pegue o telefone e ligue para aqueles que ficaram mais engajados.

Em um mundo perfeito, você poderia ligar imediatamente para todos os leads que chegam. Eles atenderiam. Você venderia para eles. Mas vivemos em um mundo muito longe da perfeição. Então, foque velocidade, tenacidade e usar vários canais de acompanhamento (além do script que você aprenderá na Parte Três quando eles atenderem o telefone) para garantir que você está convertendo a mais alta porcentagem de leads da internet possível.

Capítulo 7

Precisa de Mais Compromissos? Como Usar E-mail Marketing, Redirecionamento e Rastreamento de Usuários para Transformar Leads Antigos em Compromissos de Qualidade

Todo mundo pensa que a cura para seu padecimento online é mais leads. Como se, de alguma forma, apenas continuar a acrescentar leads ao topo de seu funil fizesse com que o meio (compromissos) e as margens (vendas) funcionassem sozinhos. Boa sorte com isso. Você precisa de tanto propósito e estratégia (se não mais) para transformar um lead da internet em um compromisso, quanto precisou para capturá-lo.

Boas notícias. Leads antigos também compram coisas. Eu prometo. Na verdade, posso pegar praticamente qualquer lista de e-mail (como a que você provavelmente já tem ou a que sabe como aumentar rapidamente, depois de ler a Parte Um) e conseguir alguns compromissos e vendas imediatamente. Não é culpa deles se você ainda não os converteu. A culpa é sua. Depois de ler este capítulo, não haverá mais desculpas para deixar centenas e milhares de leads terem uma morte lenta, quando há uma forma comprovada de ressuscitá-los.

Não tropece em moedas de 50 centavos (leads que você já tem) para pegar as de 1 (leads mais novos). Se você já possui leads da internet antigos (incluindo ao menos o e-mail deles) que nunca responderam às suas tentativas (ou falta de) no passado, pode criar compromissos em conjunto com e-mails de massa inteligentes. Na verdade, vou compartilhar um e-mail que você pode enviar hoje para todos os seus antigos leads de uma vez que, com certeza (e instantaneamente), ressuscitará alguns e os tornará compromissos de qualidade.

Mas primeiro você tem que fazer um acordo comigo. Tem que me prometer que não usará nenhum tipo de modelo de e-mail em HTML quando enviar esse e-mail. O design deve ser como um e-mail antigo que você enviaria a um colega ou amigo, usando o Gmail ou seu telefone. Não me importo se você usar alguma assinatura legal. Você só não pode usar um modelo altamente estilizado para esse e-mail. Ponto.

Melhor ainda, se quiser dominar o Código de Conversão, você tem que se comprometer em não enviar e-mails de massa que pareçam um anúncio no momento em que as pessoas o abrirem. Essa ideologia de e-mail sem design se aplica também aos seus e-mails automatizados (sobre os quais falamos no último capítulo) que você enviará para novos leads quando eles chegarem.

Lembra-se do estudo que ensinou que as pessoas têm oito segundos de atenção? Bem, eu demoro apenas um segundo para olhar um e-mail na minha caixa de entrada e mentalmente descartá-lo como um "anúncio", garantindo que NUNCA o responda, simplesmente por causa do formato. E você?

Não sou contra ter algumas imagens ou links legais ou mesmo uma assinatura legal com logo, quando você envia um e-mail em massa. Mas sou contra modelos de e-mail espalhafatosos que pareçam o último anúncio da Target, repelindo conversas com muito mais sucesso do que as iniciando. Conversas criam clientes. E ninguém quer conversar com seu boletim informativo mensal.

Você pode pensar que, depois de passar tanto tempo no Capítulo 1, sobre a importância do design, sou hipócrita por não sugerir aqui a criação de um modelo de e-mail bem projetado. Não sou. No Capítulo 1, eu estava falando sobre conseguir a confiança de estranhos que visitam seu site. Agora, estou falando de conquistar a confiança de pessoas que você capturou e já estão em sua lista de e-mails. Usar os e-mails como anúncios não é a melhor maneira. Existe um jeito melhor.

Dito isso, este é o e-mail que você pode enviar hoje para todos os seus antigos leads, em uma tentativa de criar mais compromissos. Eu gostaria que você enviasse o e-mail para mim (Chris@Curaytor.com), se isso funcionar.

Assunto: Pergunta rápida
Corpo: Você ainda quer comprar [INSIRA O QUE VOCÊ VENDE AQUI]?
Assinado,
Você

Esse é todo o e-mail. Não estou brincando. Espero que você não estivesse esperando algo inovador ou shakesperiano. Isso funcionará melhor do que aquilo que você tem enviado, por um milhão de razões. Mas funciona principalmente porque não gasta o tempo do lead e lhe dá uma grande oportunidade, se ainda quiser. Tendemos a escrever mais quando não sabemos o que dizer. A maioria das pessoas escreve seus e-mails de acordo com a famosa passagem: "Fiz esta carta mais longa porque não tive tempo de fazê-la curta", escrita por Blaise Pascal, em 1657 (e, com frequência, erroneamente atribuída a Mark Twain).

Literalmente, as únicas coisas que você pode mudar antes de enviá-lo são o [INSIRA O QUE VOCÊ VENDE AQUI] para o que você vende, e a palavra "comprar", mas apenas se fizer mais sentido escrever "inscrever" ou "contratar", de acordo com seu modelo de negócios. Se eu estivesse enviando, escreveria: "Você ainda quer se inscrever na Curaytor?" Se eu fosse banqueiro de hipotecas concedendo empréstimos, diria: "Você ainda busca um refinanciamento?". Se fosse o proprietário de um serviço de buffet, diria: "Você ainda procura um fornecedor?".

Outro e-mail de lead frio, de alto desempenho, que enviamos no mesmo estilo, simplesmente tem o assunto: "Fazendo contato", com o corpo consistindo de: "Estou fazendo contato apenas para saber se você precisa de algo de mim hoje".

Mas, de verdade, você deve resistir à tentação de acrescentar mais. Sei que é difícil. Sei que você quer dizer algo como: "Você ainda quer se inscrever na Curaytor? Nossos clientes nos adoram, nosso software é incrível e Inc. acabou de juntar-se a nós. Adoraríamos conversar com você sobre como ajudá-lo a aumentar seu negócio com anúncios do Facebook, e-mail marketing e automação de marketing...". Não faça isso.

Essa abordagem menos é mais, em uma tentativa de converter leads, pode ter sido inventada em 2009 por um anunciante chamado Dean Jackson, que falou sobre um "e-mail de nove palavras". Dean recomendou uma linha de assunto que usasse o primeiro nome do lead, como: "Olá, Lisa", ou até mesmo o nome como linha de assunto, como: "Bob". Se você enviar um desses e-mails por vez, adicionar o nome não é difícil.

Mas, infelizmente, acho que a maioria das pessoas que têm uma lista grande de e-mails nem sempre tem os nomes de todos eles. Se você tiver uma lista com nome e e-mail, pode usar um código mesclado para o primeiro nome na linha de assunto, para conseguir a personalização "Oi, Lisa" em grande escala.

Tenho certeza de que você já está se preocupando com o fato de que também ouvirá muito "Não" como resposta. Não deixe que isso o incomode. Encontre prazer nisso. Além do mais, não faz sentido enviar e-mails de acompanhamento às pessoas quando elas admitidamente não os querem mais ou estão dizendo diretamente que não comprarão. Se elas não querem comprar o que você vende e estão dispostas a responder e lhe dizer isso, você não deve persegui-las.

Se eu perco alguns leads com essa abordagem, mas ganho dezenas de "Sim, preciso. Fico feliz que tenha falado comigo!" de vários leads da internet que eu pensava que estavam mortos, é uma troca que desejo fazer. Especialmente sabendo que obter mais leads é muito fácil.

NÃO HÁ MAIS DEPÓSITOS PARA LEADS ANTIGOS

Além dessa sacudida em sua lista, que pode ser repetida com certa regularidade, conforme leads antigos se acumulam, você deve tratar como ouro o conteúdo que envia por e-mail aos seus leads antigos, caso queira que se tornem moeda. Eu emprego a política de "não enviar e-mails automatizados" para leads com mais de seis meses, quando as campanhas de marketing automatizado inicial, sobre o que falei no Capítulo 6, chegam ao fim. Em vez de escrever e-mails engessados meses ou anos antes e colocar seus leads em uma campanha de e-mail de longo prazo, comprometa-se a gastar ao menos algumas horas por mês pesquisando, escrevendo e enviando e-mails "em tempo real".

Tenho até um método simples que você pode usar para buscar e-mails "mais frescos" para enviar todo mês. Eu o uso para pesquisar por palavras-chave, fonte ou tópico, o que mostrará os artigos mais socialmente compartilhados online que combinam com o que procuro. Por exemplo, certo mês, estávamos pesquisando um e-mail que escrevemos para nossos clientes de imóveis a fim de enviar para o banco de dados deles. Com o BuzzSumo descobri que um artigo sobre "cabanas femininas" estava em alta, quando procurei "imóveis". O artigo havia sido compartilhado milhões de vezes no Facebook, apesar de eu não conhecer o termo. O compartilhamento em massa também fez com que eu me sentisse bem ao usar a fonte. Imaginei que, se enviássemos um e-mail rapidamente, seríamos os primeiros a trazer "cabana feminina" (o equivalente feminino de uma caverna masculina) para a consciência das pessoas, causando uma reação em nossos clientes, na forma de respostas para nossos clientes. Eu estava certo. O e-mail foi uma enorme sensação. Nossos clientes receberam toneladas de respostas (muitas das quais começavam com "Eu quero uma cabana feminina! A propósito, precisamos vender nossa casa. Vamos conversar."). Logo depois, também começamos a ver segmentos sobre cabanas nos noticiários nacionais e nas principais mídias.

Você não precisa enviar e-mails chatos e tradicionais sobre o que vende, só porque está anunciando para leads. Ao encontrar tópicos e assuntos relevantes e relacionados com o que vende, e não apenas transferir suas vendas para uma campanha por e-mail, você pode criar e-mails de acompanhamento que as pessoas realmente lerão e ficarão ansiosas em receber. Suas taxas de abertura de cliques, de cancelamento de assinatura e de resposta agradecerão.

Sempre que pesquiso, componho e envio meus e-mails de massa, certifico-me de que eles fiquem em um (ou mais) dos seguintes depósitos:

1. **Educacional**: O destinatário aprenderá algo útil e vai querer me agradecer?
2. **Interessante**: O destinatário sorrirá e vai querer me agradecer?
3. **Conversacional**: O destinatário vai querer continuar a conversa que eu começar?

Como eu disse antes e direi novamente, conversas criam clientes. Eu, com frequência, examino as campanhas de e-mail que as empresas enviavam antes de me contratar. O erro mais comum que vejo é a falta de pontos de interrogação no final das mensagens. Apesar de muitos dos leads para quem você envia e-mails não responderem, sem fazer uma pergunta específica para fechar suas mensagens, você não está dando uma chance nem a eles nem a si mesmo. Você não precisa enviar vários spams. Apenas faça com que seja sociável. No exemplo do e-mail das cabanas femininas, simplesmente fechamos o e-mail com "Eu acho que eu quero uma! E você?". Sabíamos que os *caras* não conseguiram resistir e responderiam se queriam uma cabana feminina. E tínhamos quase certeza de que as mulheres da lista responderiam mais ou menos com: "Nossa, eu quero muito!". Nossos instintos estavam certos em ambos os lados. Mas sem o ponto de interrogação, o volume de respostas teria sido apenas uma fração do que conseguimos, não importando a qualidade do e-mail. Essa é a mesma ideologia que aplicamos aos e-mails de acompanhamento de novos leads. Pergunta. Inteligente.

Outra ótima maneira de encontrar conteúdo para seus e-mails é seu blog. Se você cria conteúdo regularmente, enviar por e-mail de massa aos melhores da sua lista, com links para seus posts (ou vídeos/podcasts), pode aumentar a frequência com que você envia. Perguntam-me muito quão frequente é frequente demais para enviar e-mails. A resposta está na qualidade. Se você publica um post novo ótimo, cheio de ideias, mais pessoas vão querer lê-lo. Se um artigo é mediano, esteja ciente disso e não o envie por e-mail. Assim como você não enviaria um e-mail sobre tudo o que encontra no BuzzSumo, apenas o que é melhor e mais compartilhado. Trate seu conteúdo da mesma maneira. Apenas nunca se esqueça de que sua lista de e-mails podem ser seus primeiros e mais frequentes leitores.

Dica de profissional: Como você não quer programar seus e-mails com meses de antecedência, deve colocar lembretes em seu calendário agora mesmo para que não se esqueça de seus dias de "e-mail marketing" ou "ligação de acompanhamento". Todos começamos com as melhores das intenções. Você provavelmente executará algumas dessas ideias imediatamente. Mas as executará toda semana, ou todo mês, a longo prazo? Uma coisa legal é que, quando você envia e-mails como os que sugiro, eles funcionam, o que torna o tempo para fazê-los muito mais divertido.

Agora que você tem um modelo de e-mail rápido e uma estratégia a longo prazo em seu currículo para leads de internet antigos, quero compartilhar duas coisas que sei que ainda não está fazendo e que, quando combinadas com as ideias de e-mail que acabei de detalhar, levarão suas taxas de conversão de leads para as alturas.

Pegue o Maldito Telefone

Apenas enviar e-mails sem nenhuma ligação adicional não o ajudará a dominar o Código de Conversão. Aqui está a boa notícia, não importa se você usa MailChimp, AWeber, Constant Contact ou qualquer outra ferramenta de e-mail marketing, pois todas elas fornecem, ao menos, o básico sobre quem abriu e quem clicou em seus e-mails.

Digamos que você envie um e-mail mensal ou semanal em uma terça-feira às 14h. Você deve ter o restante do dia e a primeira metade da quarta-feira para ligar para todos os leads que o abrirem e usar o roteiro que aprenderá em breve, na Parte Três. Agora, se você tem uma tonelada de leads e há centenas ou mesmo milhares de pessoas abrindo seus e-mails, tornando impossível telefonar para todas elas, então, troque sua mira para os leads que abriram e clicaram.

Como já mencionei, as taxas médias de cliques geralmente ficam abaixo de 5%. Isso significa que a cada mil leads para os quais você envia, apenas 50 abrem — um número bastante gerenciável. Mesmo que você tivesse 5 mil leads, seriam apenas 250 pessoas para ligar, o que um bom vendedor interno conseguiria fazer em 2 ou 3 dias. Além disso, quanto maior a lista, maior a lista de pessoas que abrem e/ou clicam em seu e-mail mais de uma vez! Certifique-se de organizar sua lista para aqueles que abriram seu e-mail ou clicaram nele a maior quantidade de vezes. Sempre fico surpreso com a quantidade de pessoas que abrem um e-mail duas, cinco ou mesmo mais de 10 vezes. Quando o fazem, eu as persigo.

Você ficará maravilhado com o quão mais fácil é telefonar para leads antigos quando sabe que eles estiveram recentemente engajados. E o quão melhor e mais confiantes suas conversas podem ser quando você sabe disso enquanto vendedor. Pense nisso como leads "que levantaram a mão", pedindo para que você ligue para eles e responda suas perguntas sobre o que você vende.

O melhor vendedor trata um lead antigo com o mesmo entusiasmo que trata um novo, dadas razões suficientes para isso. Não poderia me importar menos se eu consegui um lead em meu funil 14 ou 4 meses atrás. Se eu enviei um e-mail com o assunto "Economize 500 dólares na Curaytor" ou "Dicas de Facebook para os Melhores Corretores" e eles abriram há alguns minutos, vou telefonar para eles.

Rastreamento de Usuário

Outra forma de usar o comportamento de um lead para identificar se vale a pena ligar para ele é instalar um software de rastreio de usuário em seu site e/ou landing page. Ferramentas como Woopra, Mixpanel e Intercom podem lhe ajudar a identificar quem de seu banco de dados está visitando seu site, exatamente quantas páginas olhou e por quanto tempo ficou. Além disso, tanto você quanto o lead podem receber alertas em tempo real, baseados em uma fórmula que você define previamente.

Isso significa que você poderia telefonar não só para quem abriu ou clicou em seus e-mails. Você poderia ligar para aqueles que clicaram e depois também permaneceram mais de 5 minutos no site e, enquanto estiveram lá, leram sua página Sobre e Depoimentos. Sou tão otimista com o rastreamento de usuários como ferramenta de conversão de leads e vendas que tenho isso na plataforma da Curaytor e estou frequentemente tentando fazê-la ser mais útil. É música para meus ouvidos quando ligo para um lead e ele começa dizendo: "Na verdade, estou no seu site agora mesmo (ou assistindo ao seu vídeo de demonstração). Mas acho que você já sabia disso. Uau, vocês são bons!"

Você também pode disparar mensagens em seu site para que, quando um lead voltar a ele e fizer X, receba o e-mail Y por causa daquilo. Seu comportamento (ou a falta dele) em seu site pode determinar qual e-mail ele recebe. Por exemplo, você poderia configurar um disparador em Mixpanel que, se alguém em seu site visitar a página Depoimentos, ele enviará mais alguns imediatamente. Ou, se a pessoa assistir a um webinar gravado, receberá um e-mail com um convite para o próximo ao vivo. As possibilidades são realmente infinitas. Só pegue uma caneta e um papel. Pense criteriosamente sobre isso e escreva os disparadores e as mensagens que você quer. Então, carregue isso em um software de rastreamento de usuários para que os leads "caiam em suas armadilhas".

Você já esteve na Amazon, não comprou nada e, então, momentos depois um e-mail da Amazon com o produto que você verificou apareceu em sua caixa de entrada? Eles estão fazendo exatamente o que lhe ensinei.

A tecnologia foi além de simplesmente nos lembrar de ligar porque se passou uma semana ou de que todo lead está obtendo exatamente a mesma mensagem na mesma hora por e-mail. Você precisa ir além do acompanhamento baseado em hora e data e começar a pensar no comportamento.

Com um rastreio de usuários que faz com que mensagens sejam enviadas, seu site se torna um jogo de escolha-sua-aventura para cada lead. Se alguém está usando meu site, há uma boa chance de querer mais e-mails meus também. Ou, melhor ainda, uma ligação! O oposto também é verdade. Se alguém não tem usado meu site há meses, pode ser hora de disparar um "e-mail de nove palavras".

ANÚNCIOS COMO UMA FERRAMENTA DE ACOMPANHAMENTO DE LEAD

Como falei no capítulo do Facebook, redirecionar seu banco de leads com anúncios contendo mensagens de marketing de conteúdo, conversão e vendas cria uma nova maneira impactante de aparecer para os leads, além do e-mail, SMS e ligações. Não consigo acreditar na quantidade de empresas que pensam que uma vez que obtêm um lead, sua campanha "funcionou". O fato de um lead estar em seu CRM não significa que você deve parar de mostrar anúncios a ele. Na verdade, como você sabe que já capturou o e-mail dele e ele está em seu banco de dados, pode ser bem criativo com os anúncios.

Não tenha medo de fazer com que um lead aceite receber novamente uma comunicação com uma nova oferta. Por meio de seus e-mails de massa e anúncios de redirecionamento, além de levá-los de volta ao seu site, você também deve enviar alguns deles para as landing pages onde um registro é novamente requisitado. Tenho leads em meu banco de dados que compraram de mim depois de aceitarem várias ofertas uma dúzia de vezes, ou mais, antes da que "funcionou" funcionar. É por isso que é tão importante tratar antigos leads da internet com o mesmo entusiasmo normalmente reservado por vendedores aos novos leads.

Dica de profissional: Se você tiver rastreio de usuários alertando para telefonar para um lead que retornou ao seu site ao clicar em anúncios de redirecionamento do Facebook (ou em anúncios na web), ou em um e-mail, pode ver seus esforços funcionando em harmonia com o código de conversão. Se eles clicarem, você liga. Se eles retornarem, você liga.

Tudo o que abordei nas Partes Um e Dois levou a este momento. Até agora, ensinei a capturar leads da internet e a criar compromissos de qualidade. Agora, é hora de ensinar exatamente o que dizer para um lead da internet pelo telefone, para que você feche com ele a uma taxa de vendas mais alta possível.

Parte III
Feche Mais Vendas

A CRENÇA DO VENDEDOR

SIM NÃO **É** UM **ACIDENTE**

CONVERSAS CRIAM **VENDAS**

VÁ FUNDO OU VÁ **DORMIR**

VOCÊ É O **RESPONSÁVEL**

CADA PALAVRA **CONTA**

#OCódigodeConversão

Capítulo 8

Precisa Saber Exatamente o que Dizer para um Lead ao Telefone?

Como Ter o Primeiro Minuto Perfeito em uma Ligação de Vendas com um Lead da Internet

Toda venda é ganha ou perdida antes mesmo da *abordagem*.

É seu trabalho controlar imediatamente toda ligação. Neste capítulo, vou lhe ensinar exatamente o que dizer durante o primeiro minuto de suas ligações. Há duas coisas ***muito*** específicas (obter o controle e usar a técnica ARP) que você ***deve*** fazer no começo de toda ligação, se quiser vender no final.

Também é importante notar que o Código de Conversão ***não*** envolve prospecção telefônica. Ela é *muito anos 1980*. Já entramos no século XXI e, na última década, as pessoas colocaram a maior parte da vida delas online ***por vontade própria***. Se você estiver na área de vendas, a mídia social deve fazê-lo salivar. A habilidade de hiperpersonalizar uma ligação de vendas lhe dá uma vantagem injusta. Há leads da internet para quem você está ligando que, em algum momento (de preferência recentemente), enviaram suas informações e quiseram ter contato. Antes de ligar, mostrarei como perseguir apropriadamente (e legalmente) um lead da internet e, então, usar as informações que você obteve durante o primeiro minuto (e ao longo) de uma ligação.

A propósito, quando um vendedor (inclusive eu) ouve um termo como "big data" ou "venda social", geralmente desliga imediatamente (e vomita um pouco). Isso soa muito como um jargão de executivos seniores. Em vez disso, eu simplesmente penso em usar "big data" para ganhar muito dinheiro. Vendedores gostam de dinheiro, não de dados. Mas o que sei ser um fato e o porquê de pessoalmente usar as técnicas a seguir para espreitar todos os meus leads antes da abordagem de venda é que, quando ***hiperpersonalizo*** minhas abordagens de venda, faço mais acordos e ganho mais dinheiro. Ponto.

P:60 = GC + ARP

Então, sempre que menciono dados, é apenas uma maneira de ganhar mais dinheiro ao telefone. Mais adiante, você aprenderá exatamente como uso rapidamente a mídia social (especialmente o Facebook), apps de dispositivos móveis e pesquisas no Google para ganhar a venda antes mesmo de começar.

Graças à internet e à mídia social, é mais fácil do que nunca perseguir (ou stalkear, expressão que caiu no gosto dos internautas) seus prováveis compradores, tendo ideias valiosas que permitirão mais facilmente vender ao maior preço possível. Coletar informações antes da abordagem de venda leva apenas uns segundos, é um processo repetitivo e, mais importante, impressionará muito seus leads, ajudando-o a fazer mais vendas.

Não pense sobre o que você aprenderá neste capítulo como "big data" — pense nisso como munição para suas vendas. Uma bala, com o nome de seu lead nela!

OS DOIS PASSOS PARA "PERSEGUIR" LEADS ANTES DA LIGAÇÃO

Digamos que você tenha uma ligação de vendas marcada comigo e espera que eu compre seu produto ou serviço. Meu nome é Chris Smith. Esse é meu verdadeiro nome. Na verdade, talvez essa seja a combinação nome/sobrenome mais comum da história dos EUA. Então, se você conseguir aprender como recolher informações sobre mim, pode fazer como qualquer um. Uma coisa a notar aqui é que o que os leads fornecem em suas várias landing pages e formulários de contato de seus sites pode variar enormemente. Na Quicken Loans, tínhamos o nome, telefone, e-mail, endereço, taxa de juros atual, valores atuais da casa e do empréstimo. Esses dados nem sempre eram precisos, mas era importantíssimo que nós os tivéssemos para fazer uma ligação imediatamente e ainda ter alguns assuntos sólidos e personalizados.

Como falei na introdução, é ***importante*** que você ligue para seus leads assim que eles chegarem. Quando esse for o caso, você não terá tempo para persegui-los. É mais importante entrar em contato rapidamente do que coletar informações antes de discar — daí a importância de coletar mais informações na landing page.

Na Fashion Rock, tínhamos nome, e-mail, telefone e como a pessoa pretendia ficar famosa. Na Curaytor, coletamos nome, telefone, CEP, nº de casas vendidas anualmente e média de preços das vendas. Apesar de ser de conhecimento geral que você obterá menos leads ao pedir mais informações em seus formulários, todas as empresas em que trabalhei coletavam mais do que apenas nome, telefone e e-mail. Isso não é ocasional, e empresas de sucesso não podem estar erradas. Por que obter todas essas informações quando sabemos que prejudicará nossa taxa de conversão de leads? Porque quando nossos times de vendas ligam, eles têm alguns assuntos SÓLIDOS sem ter que perseguir.

Nota: O que detalharei à frente funciona melhor se você tiver um compromisso em seu calendário em data e hora definidas com um lead da internet. Quando esse é o caso, faço o que está a seguir cinco minutos antes do horário em que devo ligar para ele. Novamente, velocidade é mais importante do que informação, então, nunca persiga com o objetivo de dar uma resposta rapidamente.

Todo o propósito de suas landing pages e do fato de "perseguir", que descrevo a seguir, é reunir de dois a quatro pontos de dados (ou itens de interesse) específicos sobre o lead, para usar durante a conversa. Nosso objetivo é ter uma ***abertura forte e personalizada*** para nosso roteiro, como:

"Olá, **Susie**, meu nome é Chris Smith e trabalho na Quicken Loans. Estou ligando para fazer um acompanhamento sobre sua propriedade na **Rua Main, 123**. Parece que você já tem uma taxa de juros de **6%** e um valor de empréstimo de mais ou menos **400 mil dólares**."

OU

"Olá, **Susie**, meu nome é Chris e trabalho na Curaytor. Estou ligando para falar sobre nossa disponibilidade em **Beverly Hills**. Eu vi que você vendeu **150** casas no ano passado com um preço médio de 500 mil dólares. Isso é maravilhoso — parabéns!"

OU

"Olá, **Susie**, meu nome é Chris e trabalho na Fashion Rock. Vi aqui que você quer ser **modelo** e mora em **Charlotte, na Carolina do Norte**."

OU

"Olá, **Susie**, meu nome é Chris e trabalho na RE/MAX. Estou ligando sobre a casa que você encontrou usando **Zillow**, na **Rua Madison**; ela está à venda e custa **525 mil dólares**."

"Olá, ____________, meu nome é ____________ e trabalho na ____________. Estou ligando porque ____________ e percebi que ____________, ____________ e ____________ antes de ligar."

Em cada um dos exemplos, as palavras em negrito são os pontos de dados exclusivos e estariam disponíveis para mim no momento em que o lead chegou. É por isso que um roteiro é *tão* importante. Quando você está tentando ligar para um lead da internet, no momento em que ele aceita a comunicação *e* se você quer parecer competente, você precisa de uma abordagem de conexão direta como essa.

Quando você tem mais tempo para se preparar para uma abordagem de venda, pode usar uma variação muito mais avançada do que acabei de explicar. Isto é exatamente o que faço *antes* de cada abordagem de vendas que tem data e hora definidas:

Passo 1 para Perseguir um Lead em Dois Passos. Sempre começo com uma pesquisa no Google. No entanto, não pesquiso só pelo nome do lead (a menos que seja único). No meu caso, há exatas 3,730 milhões de correspondências de "Chris Smith" no Google. Nenhum desses caras na Figura 8.1 sou eu, apesar de sempre ter desejado jogar na NBA.

Em vez disso, você coloca no Google o endereço de e-mail do lead. Ao pesquisar Chris@Curaytor.com, em vez de "Chris Smith", os resultados se reduzem a um total de 13,900 mil (e, agora, são todos sobre mim). Você pode ver que o Google encontrou o site da minha empresa (com telefone), mais meus perfis do Facebook e LinkedIn (veja a Figura 8.2); ambos com muitas informações sobre minha carreira, interesses e vida familiar.

Considere os e-mails dos leads como sua impressão digital online ou seu número de Seguro Social. Pode haver milhões de pessoas com meu nome, mas nenhuma com meu endereço de e-mail exato. Você também deve utilizar endereços de e-mail ao procurar pessoas nas mídias sociais. Todos registramos nossos e-mails nesses sites; então, quando você procura pelo e-mail, encontra *um* resultado, não dezenas de milhares.

Figura 8.1

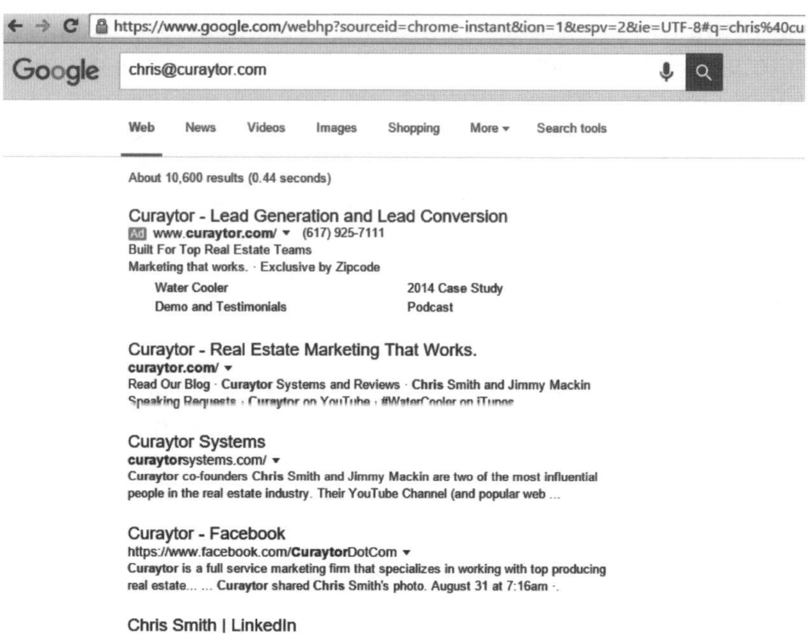

Figura 8.2

Você também deve fazer uma pesquisa rápida no Facebook usando o e-mail e/ou número de telefone deles. Quando você encontra um lead no Facebook, é aberto imediatamente um baú de tesouros de informações pessoais sobre ele, o que me dá bastante autonomia enquanto vendedor. Como são vendas internas, encontrar um lead no Facebook também me ajuda a lembrar que tem uma *pessoa* do outro lado da linha. Até acho que ajuda olhar para sua foto de perfil enquanto converso com ela.

Ferramentas Profissionais de Perseguição em Vendas

Também há algumas ferramentas profissionais que você pode usar para espreitar seus leads antes da abordagem de venda, quando uma pesquisa no Google não é o suficiente ou não retorna as informações necessárias. Spokeo, Intelius, Wink, Zabasearch e PeekYou também fornecem "big data" superútil para vendedores. Muitos CRMs também enriquecem o perfil do lead automaticamente com "big data".

Minha ferramenta favorita para espreitar é um app chamado Charlie. Depois que você o instala, ele sincroniza com seu calendário e fornece um alerta de e-mail ou uma notificação para um rico "resumo" de dados.

Como o Charlie sincroniza com o meu calendário, recebo automaticamente uma página sobre meu lead 10 minutos antes de cada uma das minhas vendas. Charlie mostrará os interesses e hobbies da pessoa (os que ele pegou para mim são os esperados: café, basquete, *House of Cards*, empreendedorismo), atualizações sociais recentes e conexões no Twitter em comum. Esses "pontos de dados" tornam-se seus "pontos de conversa" no primeiro minuto de ligação — ótimos para quebrar o gelo e conectar-se emocionalmente com seus possíveis compradores sobre algo além do que você quer vender a eles, fazendo com que baixem a guarda.

Passo 2 para Perseguir um Lead em Dois Passos. Com base no que descobriu no Passo 1, anote de dois a quatro assuntos ou ideias que provam que você fez sua lição de casa (os leads sempre gostam disso). No meu caso, você poderia ter começado a ligação dizendo:

"Olá, Chris, aqui é o vendedor da Empresa X. Vi um tuíte seu de ontem em que que falava sobre grupos do Facebook, e como a Zillow fez uma mudança com base em sua influência. Impressionante! Na verdade, passei alguns minutos no grupo que você criou e parece que é uma comunidade especial. Parabéns! Estou ligando porque vi que você estava interessado no que vendemos e eu queria conversar um pouco mais sobre isso."

Essa estratégia funciona ainda melhor quando o lead é um blogueiro ou apareceu recentemente na imprensa ou em um site grande. Quanto mais específico for o que você encontrou, mais específica pode ser sua abertura:

"Olá, Chris, acabei de ler um artigo sobre como você fez com que sua empresa, a Curaytor, chegasse a mais de 3 milhões de dólares em renda recorrente anual em menos de dois anos, e isso realmente me inspirou. Eu também vendo tecnologia para a empresa X e vi que você fez uma pergunta sobre um aspecto de nossos serviços."

OU

"Olá, Chris, eu estava lendo um artigo no qual você e sua empresa, Curaytor, apareceram no Inc.com. Bom trabalho!"

É praticamente impossível dizer não para alguém que fez sua lição de casa e o bajula, mesmo que seja uma venda. Não importa o nível de sucesso de alguém, todos gostamos de ouvir que somos bonitos antes que tentem nos beijar.

O primeiro item do "roteiro" deve incluir o seguinte.

Os Quatro Pontos Personalizados

1.______________ 2.______________ 3.______________ 4.______________

"Olá, ______________, meu nome é ______________ e trabalho na ______________. Estou ligando para 1. ______________. Parece que você disse que 2.______________, 3.______________ e 4.______________. Como você está hoje?"

Esses "pontos" desarmarão o lead, farão com que ele saiba que você é um profissional e deixarão claro que *ele* deu a informação para *você*. Isso é material "que não pode ser adivinhado" e o diferencia imediatamente de outros que fazem prospecção por telefone.

A maioria dos vendedores começa suas ligações assim:

"Olá, meu nome é Chris Smith e estou ligando da Curaytor. Como você está?"

OU

"Oi, meu nome é Chris Smith e estou ligando da Curaytor. É uma boa hora para conversarmos?"

Ao inserir pontos de dados hiperpersonalizados em seu roteiro bem no *comecinho*, antes de deixarmos que falem ou de perguntar como eles estão ou se é uma boa hora para conversar ou se os pegamos numa má hora, a pessoa do outro lado da linha ficará muito mais interessada em lhe ouvir.

Dito isso, ainda se trata de um lead da internet, não uma referência de um amigo ou um consumidor feliz; portanto, ***nós*** precisamos ***nos*** resguardar desde o início. Depois de sua abertura, você precisa ganhar controle psicológico na ligação. Precisamos começar o processo de condicionamento (subconscientemente) para que, ao final da ligação, quando dissermos: "Pule!" (Compre!), eles digam: "A qual altura?" (*Sim*!)

Como Ganhar Controle na Ligação com uma Frase Simples

Você acabou de falar algo assim no começo da ligação:

"Olá, Susie, meu nome é Chris e trabalho na RE/MAX. Estou ligando a respeito da casa que você encontrou usando a Zillow, na Rua Madison, que custa atualmente 525 mil dólares. Como você está hoje?"

O que você dirá a seguir é ***importante***, e precisa ser a mesma coisa toda vez. Assim que encontrar a frase que "ganha o controle" que funcione para você, confie em mim, deve usá-la todas as vezes. Isto é o que eu digo:

"***Eu preciso que você pegue um papel e uma caneta para que eu possa lhe dar algumas informações que não estão disponíveis online. Avise-me quando estiver pronto.***"

OU

"***Você pode, por favor, pegar uma caneta e um papel? — Eu quero lhe dar meu contato pessoal para o caso de nos desconectarmos.***"

OU

"***Tenho algumas informações que você vai querer anotar. Você pode, por favor, pegar um papel e uma caneta e me dizer quando estiver pronto?***"

Assim que eles dizem que estão prontos, eu digo: "***Ótimo. Meu telefone é 5555-5555 e meu e-mail é*** Chris@Curaytor.com."

Percebe o elemento comum? Ao dar uma ordem para fazer algo físico e eles fazendo, isso lhe torna o alfa. Algumas pessoas fingirão pegar uma caneta e um papel ou estar dirigindo e não poderem? Com certeza. Mas as pessoas que realmente comprarão alguma coisa estarão dispostas a pegar a caneta e o papel em 95% das vezes. Se elas estiverem realmente dirigindo, diga apenas: "Sem problemas — vou lhe enviar por e-mail depois de nossa ligação", e vá para o próximo passo.

Um vendedor profissional controla a ligação a cada passo, nenhum dos quais é mais importante do que a abertura da ligação/relação com o lead. Lembre-se de que o tom de voz é MUITO importante ao telefone; portanto, seja gentil, mas assertivo, quando pedir que façam isso. Pense assim: Se eles não pegarem uma caneta e um papel para escrever algumas coisas, lhe darão o número do cartão de crédito 20 minutos depois? Essa técnica de ganhar o controle não somente o empodera, mas também ajuda a identificar os leads mais sérios segundos depois de iniciada a ligação.

Depois que eles escrevem a informação que você der, a próxima frase é muito simples: "Diga-me a principal razão de você ter perguntado sobre ______________."

O desafio é que todos dizem uma variação de "Não" imediatamente. Leads/pessoas estão condicionados a colocar uma barreira. Especialmente quando um vendedor liga. Nosso *trabalho* em vendas é derrubar essa barreira para podermos ter uma conversa normal e humana com eles. Eu aprendi que não importa o que você vende, durante o primeiro minuto de uma ligação com um lead da internet, eles dirão algo como o seguinte:

Na Quicken, eles sempre diriam: "Só quero saber quais são as taxas de juros".

Na Fashion Rock, eles falam: "Eu quero saber mais sobre como isso funciona".

Na Curaytor, eles costumam dizer: "Eu só quero saber quanto custa e se está disponível na minha área".

O que eles estão realmente dizendo é: "Eu não quero que você me ***venda*** — eu só queria saber mais ***antes*** que eu talvez compre".

O legal é que, geralmente, é muito fácil identificar as "frases de barreira" que seus leads usarão diariamente. Depois que você as conhece, o último passo em um primeiro minuto de ligação de vendas perfeito é usar uma técnica chamada ARP. ARP significa **A**cknowledge (Reconhecer), **R**espond (Responder), **P**ivot (Articular).

ARP

É assim que você deve reconhecer em cada um desses casos:

"Eu só quero saber quais são as taxas de juros."

Reconhecer: "Você quer saber quais são as taxas de juros. Sem problemas!"

"Eu só quero saber mais sobre como isso funciona."

Reconhecer: "Você só quer saber mais sobre como isso funciona. Sem problemas!"

"Eu só quero saber quanto custa e se está disponível na minha área."

Reconhecer: "Você só quer saber quanto cobramos e se estamos disponíveis em sua área. Sem problemas!"

O reconhecimento permite que eles tenham 100% de certeza de que você os ouviu. Lembre-se de que a fisionomia é a maneira nº 1 como as pessoas se comunicam, e não temos esse luxo ao telefone. Enquanto você geralmente olharia e acenaria com a cabeça para indicar a alguém que você a ouviu e entendeu, ao telefone o reconhecimento é o equivalente ao aceno de cabeça. Ele também lhe garante um momento para pensar no que dirá em seguida — a "Resposta". Por sorte, suas respostas serão quase sempre as mesmas, porque você identificará respostas que são confortáveis para *você* dizer e que funcionam.

Veja como você responderia em cada um dos casos a seguir:

"Eu só quero saber quais são as taxas de juros."

Reconhecer: "Você só quer saber as taxas de juros. Sem problemas!"

Responder: "Os juros agora estão em uma baixa histórica e a maioria das pessoas com quem converso está economizando muito dinheiro."

"Eu só quero saber mais sobre como isso funciona."

Reconhecer: "Você só quer saber mais sobre como isso funciona. Sem problemas!"

Responder: "O evento funciona ao colocarmos você na frente dos melhores caçadores de talentos do mundo."

"Eu só quero saber quanto custa e se está disponível na minha área."

Reconhecer: "Você só quer saber quanto cobramos e se estamos disponíveis em sua área. Sem problemas!"

Responder: "Falarei sobre preços assim que sentir que podemos realmente ajudá-lo."

Como você pode ver, mantenho todas as respostas ***muito*** simples e diretas, mas também nunca respondo as perguntas deles muito especificamente. Lembre-se: Eu estou no controle, não eles. Conversamos sobre o que eu quero conversar, quando eu quero conversar, senão eu *perco* e eles *ganham*.

Se suas respostas fossem: "Os juros estão em 6%", ou "Cobramos 1,275 mil dólares/mês", você perceberia que seria uma ligação muito rápida.

O último passo é articular a conversa para onde você quer:

"Eu só quero saber quais são as taxas de juros."

Reconhecer: "Você só quer saber as taxas de juros. Sem problemas!"

Responder: "Os juros agora estão em uma baixa histórica e a maioria das pessoas com quem converso está economizando muito dinheiro."

Articular:: "Há quanto tempo você tem sua casa?"

"Eu só quero saber mais sobre como isso funciona."

Reconhecer: "Você só quer saber mais sobre como isso funciona. Sem problemas!"

Responder: "O evento funciona ao colocarmos você na frente dos melhores caçadores de talentos do mundo."

Articular: "Você já atuou/foi modelo/cantou localmente?"

"Eu só quero saber quanto custa e se está disponível na minha área."

Reconhecer: "Você só quer saber quanto cobramos e se estamos disponíveis em sua área. Sem problemas!"

Responder: "Falarei sobre preços assim que sentir que podemos realmente ajudá-lo."

Articular: "Há quanto tempo você é corretor de imóveis?"

A articulação leva a conversa de volta para onde queremos.

Ela também nos leva para a próxima parte do código: Como desenvolver afinidade com um lead da internet ao fazer as perguntas certas. A pergunta de articulação é a primeira de uma série de perguntas que faremos para o lead, em uma tentativa de "ir a fundo", desenvolver afinidade e vender mais facilmente.

Capítulo 9

A Técnica de Ir a Fundo

Perguntas que Fazem com que Seja Impossível um Lead da Internet Dizer Não

Você sabia que de 35 a 50% dos leads da internet escolhem a primeira pessoa com quem falam?[1] Isso com certeza fará com que vendedores e empresas fiquem animados para serem mais rápidos em responder e executar o que falei na Parte Dois. Você nem tem que ser o melhor, contanto que seja o primeiro.

Mas, e se você fosse o primeiro *e* o melhor?

A Meca das vendas internas é ter leads de qualidade + velocidade instantânea de resposta + aumentar o tempo de conversa ao usar um diagrama comprovado para sua conversa ao telefone. Lembre-se: Conseguir controle e usar a técnica ARP normalmente acontece nos primeiros 60 segundos.

Ter o que eu chamo de "conversa significativa" é a chave da conversão. Nos empreendimentos com os quais me envolvi e na variedade de produtos, serviços e pontos de preços que vendi, estimo que a média de tempo das ligações em que fechei uma venda foi de 40 minutos. Na Quicken, uma ligação perfeita para mim era entre 20 e 25 minutos. Na Fashion Rock, era entre 30 e 40 minutos. Na Curaytor, é entre 45 e 60 minutos.

É importante identificar essas janelas de tempo que normalmente acontecem antes de você poder fechar uma venda e ser pago. Começar uma ligação de vendas sabendo que "se não for mais de 20 minutos, eu não vendo" mudará a maneira como você aborda cada ligação.

Isso foi algo que aprendi há muito tempo, quando trabalhava na Quicken Loans. A Quicken era tão avançada com sua tecnologia em meados dos anos 2000 que um cara acordava de manhã, ia para o Yahoo.com com o objetivo de ler as notícias financeiras, via um anúncio para obter as taxas de hipoteca do dia, clicava, inseria uma informação e, em seguida, um pouco mais e, então, a Quicken (ou um de seus fornecedores de leads, como o LowerMyBills.com) os capturava.

Menos de 30 segundos depois, eu estava ao telefone com ele. As pessoas ficavam tanto impressionadas quanto assustadas.

O que a Quicken sabia era que as pessoas não queriam conversar com vários banqueiros de hipoteca (vendedores) se não precisassem. Foi então que percebi o quão fácil era a fórmula mágica: seja o primeiro e converse o máximo com elas. Você acha realmente que as pessoas querem conversar com dois banqueiros de hipoteca ou dois corretores de imóveis ou dois vendedores de viagens? Elas não querem nem conversar com um!

Também pegamos alguns de nossos leads da Lending Tree. A questão da Lending Tree é que cinco ou seis pessoas ligarão para você para competir por seu negócio. Bem, se sei que Wells Fargo e Bank of America e todo o resto estão pegando os mesmos leads que eu, tenho que responder rapidamente e ter uma longa conversa. Porque, embora eu nem sempre possa ter a menor taxa de juros ou custos de encerramento, você quer *realmente* passar por um pedido de empréstimo de 30 a 45 minutos, que eu consiga seu crédito e, então, desligue para começar o processo todo novamente com outro cara de vendas? Provavelmente não. Especialmente se eu estabelecer afinidade com você, indo a fundo!

Então, sim, você tem que ser o primeiro, mas também precisa ser o melhor em aumentar o tempo de conversa e ter conversas significativas. Se você não estiver usando a técnica ARP e apenas lhes der a informação que estão procurando, eles provavelmente desligarão em dois minutos e atenderão uma ligação de outra empresa. Se você conseguir dominar os primeiros 60 segundos e, então, ir a fundo, poderá atingir uma taxa de 35 a 50% de pessoas indo com você porque foi o primeiro e de 80 a 90% porque foi o primeiro *e* foi ótimo. Fechar essa lacuna pode levar a um crescimento exponencial imediato.

A TÉCNICA DE IR A FUNDO

O tempo de conversa é mais bem aumentado e mais valioso quando usado para IR A FUNDO com seus leads. Quando faço treinamento de vendas, os vendedores que estão tendo dificuldades sempre dizem a mesma coisa: "Chris, eu não consigo vender. Como faço para vender? Você pode escutar a maneira como concluo?"

Você tem que perceber e ser autoconsciente de que já ganhou ou perdeu a venda bem antes de "fechar". Se você não consegue fechar, provavelmente é porque não consegue ir a fundo. Provavelmente é porque não estava ganhando o controle da conversa e usando um modelo e roteiro comprovado todas as vezes.

TIF

Anote isso e coloque onde consiga ver claramente quando ligar para seus leads todos os dias. "**Vá fundo ou vá dormir**." Isso estava em minha baia todos os dias, quando eu fazia minhas ligações de vendas para a Quicken. Porque eu sabia que, se não fosse a fundo e desenvolvesse afinidade com essa pessoa, ela não faria um empréstimo comigo.

Você quer um roteiro com quatro ou seis perguntas de qualificação que possa usar em toda ligação. Mas o dinheiro é ganho ao fazer as perguntas que não estão no roteiro — as perguntas que "vão a fundo". Em sua maioria, as perguntas roteirizadas que você usará são apenas perguntas de qualificação e iniciadoras de conversas. Embora as melhores sejam específicas para o que você vende, elas certamente são perguntas mais "tradicionais" que qualquer vendedor ou empresa pode usar:

Há quanto tempo você procura __________?

Você já comprou algo como ______________ antes?

Por que agora é a hora certa para você considerar a compra de __________________?

Como você ficou sabendo de ________________?

Para um corretor imobiliário, as perguntas roteirizadas podem ser:

Qual é a principal razão pela qual você quer se mudar agora?

Quantas casas você já vendeu antes?

Você já trabalhou com uma imobiliária?

O que seu último corretor fazia que mais o incomodava?

Qual é o momento ideal para vender sua casa?

Conforme eles responderem a cada uma, aja como uma criança de quatro anos e simplesmente faça mais perguntas. Vá (mais) a fundo.

"Há quanto tempo você procura __________?"

"Uau! Faz seis meses que você procura. É bastante tempo. Quais sites você estava usando mais? Ah, você gosta do site X. Você também tentou algum aplicativo de dispositivo móvel?"

"Você já comprou algo como ______________ antes?

"Já? Legal. Você teve uma boa experiência? Não? O que eles podiam ter feito melhor?"

"Por que agora é o momento certo para você considerar a compra de __________?"

"Ah, você e sua esposa estão esperando um bebê! É menino ou menina?" "É seu primeiro filho?"

"Como você ficou sabendo de ______________?"

"Você procurou no Google? Legal! Isso acontece muito. O que achou do nosso site? Gostou? Muito bom! É importante para você trabalhar com uma empresa experiente em tecnologia?"

Se você não está fazendo as perguntas que vão fundo, não pode fechar no final da ligação. Você quer aprimorar-se em suas razões lógicas e emocionais para comprar.

Na verdade, você quer, literalmente, escrever as repostas para as perguntas que faz, tanto as do roteiro quanto as de fora dele. Vamos usar as respostas depois, em nossa ligação, para fazer com que seja praticamente impossível que digam não quando tentarmos fazer uma venda (as respostas serão usadas durante a Técnica dos Cinco Sins, no Capítulo 12);

Ir a fundo parece algo que os vendedores fariam naturalmente, mas eles não fazem. Eu faria as ligações na Quicken Loans e o lead atenderia para dizer: "Oi, quero obter uma linha de crédito para uma casa de 50 mil dólares". E o banqueiro, ao telefone, diria: "Ótimo! Posso ajudá-lo com isso. Para que você usará o dinheiro?" (Essa é a versão deles de ir a fundo). O lead responderia: "Ah, nós vamos construir um deck no fundo de casa". E o vendedor diria: "Que legal! Posso ajudá-lo com isso. Com quem está seu empréstimo atual?"

Eles foram cumpridores de ordem, não vendedores.

Ir a fundo realmente é assim, usando o mesmo exemplo: "Você está construindo um deck de 50 mil dólares? ***Uau.*** Me conta sobre ele! Ele terá dois níveis e um elevador? Por que você vai gastar 50 mil dólares em um deck? É de platina? Ele fará a comida para você nos churrascos?"

Os melhores vendedores estão ouvindo, anotando e têm interesse genuíno na situação de seus possíveis compradores; eles não querem só que a pessoa pare de falar.

Se você não ouve, não consegue ir a fundo. Se não consegue ir a fundo, não consegue vender. Eu, pessoalmente, sou genuinamente interessado nas pessoas. E no porquê de elas fazerem as escolhas que fazem.

Então, com a minha abordagem, eles se aproximam e dizem: "Ah, não, Chris, não terá um elevador nem será de platina, nós, na verdade, sempre temos convidados e amamos aniversários em nossa casa. Meu marido ganhou um aumento de salário e, por isso, podemos finalmente pagar pelo deck dos nossos sonhos".

Viu a diferença?! Agora tem afinidade! Agora eu tenho munição significativa para, quando aprofundarmos mais a ligação, fechar com ela. Indo a fundo, identifico a razão emocional do porquê de eles quererem comprar.

E no final da ligação farei com que diga não para as razões emocionais para não comprar, não para mim. Essa é uma abordagem de venda para a qual é muito mais difícil de dizer não.

Você tem que ir a fundo para que, quando for fechar, tenha munição para Cinco Sins. Chegarei a essa técnica na página 135, mas a ideia é que recapitulemos as respostas deles às perguntas do ir a fundo para começar nossa abordagem de venda:

> Então, você quer uma linha de crédito porque vai construir um deck, certo? Sim.
>
> Você receberá muito a família, certo? Sim.
>
> Seu marido recebeu um aumento, certo? Sim.
>
> Vocês amam churrasco, certo? Sim.

Se não for a fundo no começo, você não saberá o que dizer para começar seu fechamento no final de suas ligações. Fazer isso com sucesso significa que você já pode começar a pensar em como isso irá ajudá-lo no seu fechamento depois.

Cerca de 90% de sua concorrência fará uma abordagem de venda de suas marcas e produtos na primeira parte da ligação. Você, em vez disso, focará *eles* na primeira parte da ligação para decifrar o Código de Conversão. Esteja preparado para fazer perguntas de qualificação específicas e para *ouvir*. Se você não estiver disposto a se ***importar*** e ***perguntar o porquê*** e, então, perguntar o porquê novamente, nunca será um vendedor de elite.

Uma vez que você perceba que há afinidade e que foi a fundo o suficiente, o próximo passo é construir confiança em sua empresa.

Capítulo 10

Como Criar Confiança com um Lead da Internet em Dois Passos Simples

Agora que estamos no controle da ligação, usamos a técnica ARP para derrubar as barreiras e fomos a fundo para saber exatamente o porquê de estarem comprando, é hora de criar confiança.

Isso requer mais do que apenas afinidade enquanto você vai a fundo. Fazer com que alguém goste e confie em você ao telefone é um nível de sucesso; fazer com que ***comprem*** de você é outro. Especialmente quando outras empresas estão competindo com você simultaneamente.

Quando se trata de criar confiança com um lead da internet, acho que simplicidade e foco funcionam melhor. Na verdade, identifiquei apenas duas coisas que você precisa dizer para criar confiança e seguir para a próxima parte da ligação.

Os dois passos que criam confiança mais rapidamente com um lead da internet são:

1. **Cobranding**: Em quem os consumidores já confiam, a quem você pode alinhar sua marca?
2. **Estatística**: Como você pode transmitir numericamente que é a escolha certa?

No mundo real, usei essa abordagem com sucesso inúmeras vezes. Veja alguns exemplos de como vejo o cobranding + a estatística poderosa inseridos em um roteiro de vendas:

Na Curaytor, gerenciamos muitos milhões de dólares por ano em anúncios do Facebook (cobranding) e nossa média de clientes faz 500 mil dólares por ano (estatística).

Na Fashion Rock, nosso fundador descobriu Britney Spears, *NSync e Backstreet Boys (cobranding); então, mais de 65 mil pessoas se inscrevem para participar (estatística) de nossos eventos anualmente.

1 + 1 = Confiança

Na Quicken Loans, nosso fundador também possui a Cleveland Cavaliers (cobranding), e somos a maior agência de empréstimo online dos Estados Unidos (estatística).

Como você talvez tenha percebido, essas jogadas de cobranding e estatística são simples e vão direto ao ponto. É por isso que funcionam. Na maioria dos roteiros de vendas e quando ouço vendedores que estão tentando "criar confiança", eles tentam tanto que acaba parecendo um golpe.

Lembre-se de que, neste momento da ligação, você já obteve o controle, usou a técnica ARP e foi a fundo. A parte de ir a fundo é especialmente importante como transição para a criação de confiança. Você *acabou* de escutar atentamente, então, de alguma forma, eles lhe devem uma. Enquanto você tiver a atenção deles por um momento, não a perca. Seja breve, amável e direto ao ponto ao criar confiança com um lead da internet, para que possa continuar a ligação sem problemas.

Capítulo 11

Descobrindo Objeções Proativamente

Uma das piores sensações é chegar ao fim de uma abordagem de vendas incrível, esperando que a pessoa vá comprar e, então, ser pego de surpresa por uma objeção que você não havia previsto, como "Obrigado pelo seu tempo, Chris, mas preciso pensar nisso". No Código de Conversão, a hora de receber objeções NÃO é quando você está fechando a venda. É bem antes de começar a fazer isso. A maioria dos vendedores foca e pratica a superação de objeções; eu foco a eliminação delas. Cedo.

Uma "objeção" muito comum em vendas é que a pessoa quer esperar e pensar a respeito. Há outras objeções comuns também, como o cônjuge — "Preciso falar com meu cônjuge antes de comprar" — ou o custo — "Eu quero comprar, mas não posso pagar agora". Eu já até ouvi "Eu preciso rezar sobre isso" como objeção. O legal é que em qualquer empresa essas objeções começarão a se definir (provavelmente você já sabe quais são as suas).

Vendedores experientes descobrem essas objeções proativamente, bem antes de recebê-las. Em vez de escutar que alguém não pode pagar ou comprometer-se com o que você vende ao final de uma ligação de 30 ou 45 minutos, perguntaremos às pessoas se há alguma razão pela qual não podem fazer negócio hoje, agora. Na verdade, não há melhor momento para fazer isso do que imediatamente após ter criado afinidade ao ir a fundo e estabelecido confiança. Pense nisso como uma rápida oportunidade em que você baixou a guarda deles.

A frase a seguir é tudo que você precisa dizer para descobrir proativamente quaisquer objeções (se haverá alguma): "Se pudermos realizar seus objetivos e você concordar que tudo faz sentido, há alguma razão pela qual não possa ir em frente hoje?" (Se você vende alguma coisa cara, com um ciclo de vendas mais longo, apenas diga "esta semana", "este mês" ou "este trimestre", em vez de "hoje".)

DOP

Normalmente, alguém que comprará de você terá uma resposta simples: "Não".

Se realizarmos os objetivos deles e tudo fizer sentido, por que não estariam prontos para ir em frente?

Você também perceberá que essa pergunta fará as objeções aparecer; portanto, você pode discuti-las agora, não depois (quando estiver tentando fechar). Se disserem: "Sim, nunca tomo uma decisão sem conversar com a minha esposa primeiro". Agora que sei disso, posso ao menos falar a respeito!

Posso perguntar se podemos inserir a esposa na ligação também. Posso perguntar se eles estão normalmente na mesma sintonia ao decidir coisas assim: "Se ligássemos para sua esposa e contássemos a ela que você faria X, acha que ela concordaria?", ou, até mesmo, quando aplicável: "Temos uma proposta de devolver o dinheiro em 30 dias; então, caso ela não concorde, você ainda pode lidar com isso sem ter que dormir no sofá".

Para a objeção do custo, é muito melhor que eles falem sobre isso agora do que reclamem do preço depois: "Bem, quanto custa? Não posso ir em frente sem saber se posso pagar". Se perguntarem isso, não fique desencorajado. É uma pergunta de compra! Eles estão visualizando comprar e usar seu produto ou serviço. No "mundo real" (fora das vendas), você seria tolo de dar o preço antes do final. Se estivesse falando diante de um público e alguém levantasse para perguntar: "Quanto custa?", você não responderia essa pergunta. Você a deixaria de lado e continuaria, garantindo que falaria sobre preços no final.

Mas esse é um lead da internet que está a um clique de nos abandonar a todo momento, e nós nem começamos a vender ainda; então, você não quer falar exatamente quanto custa, mas quer dar uma ideia a ele. Se eles insistirem em saber o preço logo, você pode deixar a pergunta de lado dizendo: "Nossos pacotes começam em mais ou menos X", ou: "Nossos pacotes mensais são geralmente em torno disso e daquilo. Está muito fora de seu orçamento?"

De alguma forma, esse é o primeiro fechamento. Nesse momento da ligação, você deve ficar tão animado quando dizem: "Não, não tenho objeções", quanto quando dizem: "Sim, eu quero comprar o que você está me vendendo", no final da ligação.

Novamente, na maioria dos casos, se fez tudo certo até agora, você encontrará mais pessoas que não estão dispostas a esconder suas objeções debaixo do tapete e lhe dizer que não o farão depois. Isso é ***muito*** empoderador para um vendedor.

Agora, ao chegar no fechamento real depois, é uma pessoa dizendo a outra pessoa que, se fizer sentido, ela puxará o gatilho. É muito difícil que voltem atrás ao dizer: "Não, se tudo faz sentido, nada deve nos deter de seguir em frente".

Pense nas objeções como pessoas roubando o dinheiro que você merece receber. Ou pense nisso de outra maneira: você precisa desativar o alarme (descobrir objeções) antes de entrar na casa (fechar), se não quiser acordar o monstro do "Não".

Assim como com a construção de confiança, descobrir objeções proativamente não é para ser uma parte longa da conversa. Agora, você já sabe se sua abordagem de vendas faz sentido para eles. "Se conseguirmos realizar seus objetivos e estiver tudo bem para você, há alguma razão pela qual não poderia seguir em frente hoje?" é uma pergunta que constrói vendas. Você está se aproveitando da afinidade e da confiança que construiu até agora para obter um: "Eu prometo não ter nenhuma objeção no final" do lead.

Com quaisquer possíveis objeções fora do caminho, tenho notícias muito animadoras para você. Chega delas. É (finalmente) hora de começar NOSSA abordagem de venda!

Capítulo 12

Como Começar a Fechar com um Lead da Internet Usando a "Técnica dos Cinco Sins"

Depois que você descobre quaisquer objeções (ou a falta delas) possíveis, há um último passo antes de começar a abordagem de venda. É a "Técnica dos Cinco Sins".

Antes de compartilhar a técnica, preciso apontar algo importante que você precisa decidir antes de ir em frente: você fará o fechamento com uma ou duas ligações?

Se for com uma ligação, você entraria na Técnica dos Cinco Sins depois de descobrir as objeções e antes de começar a abordagem de venda, usando Recurso, Benefício e Amarração (sobre a qual falarei no próximo capítulo).

Mas quero apontar que a maioria de vocês deve usar um fechamento com duas ligações. Na verdade, elas são a escolha certa para a maioria dos vendedores. Desenvolvi o que chamo de venda 20/20/20, que faz com que os fechamentos com duas ligações tenham muito sentido e sejam fáceis.

A VENDA 20/20/20

Os primeiros 20 minutos são tudo até agora. Você terminará sua ligação após o Capítulo 11 e dirá que ligará em 20 minutos para revisar sua proposta, produto ou serviço, porque você precisa de um tempo para personalizar sua apresentação com base no que lhe disseram.

5 x S
20/20/20

Um bom motivo para dividir sua ligação em duas é que pode ser difícil (não importa o quão afiadas sejam as suas habilidades de venda) fazer com que alguém fique animado em comprar por 30 a 40 minutos seguidos. Ao animá-los nos primeiros 20 minutos e depois passar os próximos 20 minutos personalizando e afiando/praticando sua abordagem de venda, é ***muito*** mais fácil colocá-los na linha de compra rapidamente nos últimos 20 minutos e fechar, enquanto estão em um nível alto de animação.

Outra razão para usar a venda 20/20/20: quando você começa a ligação sabendo que fará a abordagem de venda em breve, não fica preso ao momento. Você pode começar a se perder nos pensamentos ou ficar muito nervoso e isso transparecerá no seu tom, se estiver "fechando" em sua mente. Quando você só escuta e faz anotações nos primeiros 20 minutos, todos esses pensamentos ficam de lado e você consegue realmente focar ouvir e ir a fundo.

Convenientemente, você também tem 20 minutos para pensar e praticar sua abordagem de venda antes de usá-la. Além disso, se alguém não vai comprar com 100% de certeza, normalmente dirá para que você não se importe em ligar novamente! Apenas ao dizer: "Sim, ligue-me de volta em 20 minutos — quero muito ouvir o que você tem a dizer", geralmente significa que vão comprar.

A Técnica dos Cinco Sins

Não importa se você decidirá fazer um fechamento com uma ou duas ligações, pois a maneira como usará a Técnica dos Cinco Sins é a mesma. Ela é assim:

1. Antes você disse X quando lhe perguntei Y. Verdade?
2. Antes você disse X quando lhe perguntei Y. Verdade?
3. Antes você disse X quando lhe perguntei Y. Verdade?
4. Antes você disse X quando lhe perguntei Y. Verdade?
5. Por fim, antes você disse X quando lhe perguntei Y. Verdade?

Estou simplificando, claro, mas não muito. Você, literalmente, lê cinco das perguntas para ir a fundo e suas respostas e, então, pede para que confirmem se isso realmente aconteceu.

É por isso que ir a fundo foi tão importante e por isso eu disse para escrever o que lhe disseram antes. Vamos colocar as respostas deles àquelas perguntas em nosso roteiro de Cinco Sins.

Este é um exemplo de escritório de hipotecas usando a técnica:

1. Antes você disse que o valor de seu empréstimo atual é de 330 mil dólares. Correto?
2. Antes você disse que sua taxa de juros atual é de 5%. Correto?
3. Antes você disse que está cansado de pagar tantas taxas e juros e tão pouco para o capital mensalmente. Correto?
4. Antes você disse que, se eu pudesse fazê-lo economizar ao menos 200 dólares por mês, seria bom trabalharmos juntos. Lembra-se disso?
5. Por fim, você disse que seu objetivo atual não era economizar em hipoteca, mas guardar dinheiro para os fundos da faculdade de seus filhos. É assim que você pretende usar esse dinheiro, se aprovarmos esse empréstimo?

Como você pode ver, eu reiterei muitas das perguntas lógicas, mas também trabalhei em algumas emocionais no final. Você sempre quer que uma das respostas seja de que eles disseram sim e seguiram em frente porque algo fez sentido. E você sempre quer que a quinta pergunta seja a razão emocional nº 1 para que comprem. É por *isso* que você vai a fundo. Agora, eles têm que negar a palavra deles *e* negar poupar dinheiro para a faculdade dos filhos, não para mim.

Certifique-se de escrever os Cinco Sins no fechamento com uma ligação. Outro benefício de fazer um fechamento com duas ligações é que você pode escrever as cinco perguntas que fará e quais serão seus Recursos/Benefícios/Amarração (falo sobre isso no próximo capítulo). Há muitos vendedores que pensam que são legais demais para um roteiro ou para desenvolver um plano, antes de fazerem a abordagem de venda. Cresça. Se você quiser ganhar muito dinheiro com vendas anualmente, terá que fazer as pequenas coisas diariamente.

Nosso objetivo final é um: "Sim, quero comprar o que você vende". Mas, para chegar lá com mais frequência, antes de iniciar a abordagem de venda, use a Técnica dos Cinco Sins. Você ficará surpreso em ela conduz o poder e a força para o seu lado, quando realmente importa, quando você está prestes a iniciar sua abordagem de venda.

Capítulo 13

Como Fazer o Lançamento Usando a Técnica "Recurso, Benefício e Amarração" e Identificar o Momento da Conclusão

Todos vendem recursos. Os melhores vendedores vendem recursos e benefícios e, então, fazem a amarração. Recursos são o que você faz. Benefícios são o porquê isso é importante para o lead. Amarrações garantem que o lead concorde ao longo da abordagem de venda que as várias características o beneficiam.

Por exemplo, para iniciar minha abordagem de venda, eu diria em uma ligação: "A Curaytor criará e manterá anúncios do Facebook para você (Recurso). Ao fazer isso, um fluxo estável de novos leads, com nome, telefone e e-mail, chegará em sua caixa de entrada todos os dias, pronto para você fechar com eles (Benefício). Você acha que ajudaria seu negócio (Amarração)?"

Então, eu faria isso novamente, usando outro RBA. "A Curaytor também construirá um site, landing pages e um blog para você (Recurso), que usaremos como isca nos anúncios do Facebook (é sempre bom unir os módulos, quando apropriado). Seus clientes, amigos e parceiros dirão o quanto eles amam isso e enviarão mais referências (Benefício) e pessoas que se informam sobre você antes de entrar em contato estarão quase comprando (Benefício). É esse tipo de presença online que você procura? (Amarração).

Dica de profissional: Quando apropriado, você também pode usar Medo em seus módulos Recurso, Benefício, Amarração. É aí que você apontaria propositadamente algo negativo que as pessoas estão experimentando no momento, além das características positivas de comprarem o que você vende. Identificar e atacar o medo e a dor são caminhos, com frequência, mais rápidos para uma venda do que campainhas e apitos. Adicionar medo faz com que a venda seja sobre cura, não sobre ajuda, e para muitos é o botão de compra que precisa ser mais apertado. Em vez de dizer: "Você quer o melhor site de seu ramo?", eu diria: "Você acha que um site como o nosso o fará se sentir menos envergonhado quando as pessoas o encontrarem online?"

R+B+A = C

O modelo que poderia ser usado para RBA para muitas empresas é simples: "Fazemos isso. Estes são os benefícios. Você concorda que há um benefício no que fazemos?" Apenas pergunte-se duas coisas simples: "O que faz com que meu negócio seja ótimo? O que faz com que meu negócio seja único?" As respostas a essas perguntas são o ponto de partida de seu RBA.

A propósito, de tudo o que falei, deixe-me lembrá-lo da importância do tom. Particularmente o seu deve ser de entusiasmo (***Eu mesmo me vendo***) durante sua abordagem de venda.

Mas não há necessidade de pensar muito sobre isso. Se o que você vende é ótimo, deve haver diversas características que você pode apontar durante a abordagem de venda. Acredito que quatro a seis RBAs bem pensados (você pode ter um roteiro) parecem cumprir meu objetivo de deixá-los mais animados sobre a compra do que o custo. O que me permite seguir em frente: Fechar com eles.

Essa fórmula simples, mas comprovada, de venda raramente é executada e, quando é, não é feita de forma consciente ou apropriada. Compare alguém que apenas aborda as características: "A Curaytor vai configurar e gerenciar anúncios do Facebook para você (Recurso)", com alguém que aborda Recursos e Benefícios: "A Curaytor vai configurar e gerenciar anúncios do Facebook para você (Recurso). Ao fazer isso, um fluxo consistente de novos leads, com nome, telefone e e-mail, estará em sua caixa de entrada diariamente, pronto para que você faça a venda (Benefício)". A diferença é clara.

Nós, na verdade, usamos R, B e A em nossa vida cotidiana sem saber, especialmente se você tiver filhos! Eu uso constantemente RBA com a minha filha Maya, pois pode ser desafiador fazer com que ela faça as coisas sem ter que pedir várias vezes.

É assim que você pode usar RBA com seus filhos: "Maya, preciso que você limpe seu quarto (Recurso) agora. Isso lhe dará mais espaço para brincar e o deixará mais cheiroso, assim seus amigos vão querer vir (Benefício). Estará limpo quando eu voltar em 10 minutos para podermos convidar a Sofia? (Amarração)".

SEMPRE FECHE

A maneira mais fácil de lembrar-se da técnica RBA é pensar nela como a encarnação do sofisma de David Mamet, no filme ***Sucesso a Qualquer Preço***: "Sempre Feche". Com cada módulo de RBA que completa, você está fechando ***durante*** sua abordagem de venda, não em um fechamento único no final. Esses "minifechamentos" forçam o lead a concordar que precisa do que você vende antes que você peça que compre com seu "fechamento real", no final. Se você só falar de Recursos (e até de Benefícios), mas não amarrar, ficará ***maravilhado*** com o quão bem isso funciona, empoderando-o e dando uma vantagem psicológica.

Enquanto você prossegue com Recursos, Benefícios e Amarração em sua abordagem de venda perfeita, haverá um momento em que a animação da pessoa estará mais alta do que o custo do que está vendendo. É importantíssimo que você identifique esse momento.

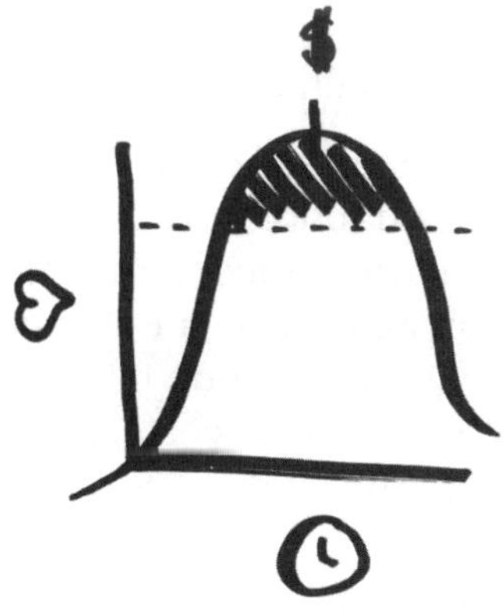

Figura 13.1

É por isso que nunca me esqueci desse gráfico. Quando você é ótimo em vendas internas, está focado em chegar a esse momento o tempo todo. Com cada módulo de Recursos, Benefício e Amarração, estamos elevando as pessoas ao equivalente a um degrau. Com algumas delas, você tem que subir cinco degraus para fechar. Com outras, apenas três. Para outras, sete.

Prepare de sete a oito Recursos, Benefícios e Amarrações mais atraentes que conseguir. Mas o que realmente queremos fazer é colocar um estrategicamente no meio, que é nosso item mais valioso.

Na Curaytor, não percorremos apenas nossos RBAs de tecnologia e estratégias. Também sabemos que grande parte do motivo pelo qual somos contratados é que montamos tudo para nossos clientes. Montamos seus anúncios no Facebook, o site e as landing pages, o CRM, as campanhas de e-mail marketing mensais e assim por diante. Mesmo que, com certeza, pudéssemos liderar com isso, é a mina terrestre que colocamos no final que provavelmente será o degrau que os levará até a linha de compra.

Guarde um módulo saboroso para seu RBA final. Fazemos com que fiquem animados com os anúncios no Facebook, com os leads chegando, com o marketing que ocorrerá... E agora, a característica "final" é que fazemos isso por você! A vantagem é que *você* não precisa fazer nenhum trabalho — ao contratar a Curaytor, pode passar seu tempo nas atividades que gosta. Você foca as pessoas, enquanto focamos os pixels e senhas. Amarração: Você acha que é o tipo de parceria que deseja? "*Sim!*"

Esse é o momento em que fechamos.

Algumas pessoas só precisam de dois RBAs. Algumas fecharão após o primeiro RBA. De vez em quando, mostro a alguns de nossos possíveis compradores o nosso site para começar minha abordagem de venda e eles compram na hora. Consigo sentir a energia deles ao telefone (principalmente pelo tom de voz). Então, tudo bem abandonar o resto de seus RBAs e fechar, se você tiver 100% de certeza que eles estão acima da linha de compra após apenas uma ou duas. Só diga: "Ótimo! Então, faremos o seguinte".

Algumas vezes, você chegará ao momento que funciona quase sempre e perceberá que não estão prontos. Você provavelmente pode perceber pelo tom de voz deles (lembre-se: o tom é 55% de como as pessoas se comunicam).

A realidade é que, enquanto você tenta criar um modelo que gera aquele momento com exatidão, todo lead é diferente; portanto, ouça atentamente como eles respondem às amarrações.

Dica de profissional: Tenha alguns recursos adicionais na manga para o caso de precisar deles, se eles não estiverem preparados para comprar depois dos quatro ou cinco primeiros. Não guarde as duas piores coisas para quando você mais precisa! Se eles não ficaram muito impressionados com seus GRANDES RECURSOS, você precisará impressioná-los com algo mais. A propósito, algumas pessoas nunca deixarão transparecer que estão prontas, mas é seu trabalho fechar de qualquer maneira.

Quando os RBAs funcionarem adequadamente, você terá o lead acima da linha de compra e ele estará pronto para o fechamento! Quando identificar esse momento, você dirá exatamente o que apresento no próximo capítulo.

Capítulo 14

O que Dizer Exatamente Quando Você Começa a Fechar

Antes que eu lhe diga exatamente o que falar para começar seu fechamento, quero dizer o que *não* falar. Porque eu ouço vendedores em todo o país dizendo e isso está *matando* a produção deles.

O maior erro nas vendas ao fechar com um lead é a seguinte frase: "Então, o que você acha?"

Perguntar esse tipo de coisa não ajuda de forma alguma a vender mais eficazmente. Eu entendo o porquê de você fazer isso: seres humanos são inseguros por natureza e precisam ouvir que fizeram um bom trabalho, que gostaram do que ouviram. Mas não é o que um vendedor profissional faz.

Este é outro sofisma que nunca esqueci de meu treinamento de vendas na FashionRock: O leão não pede comida ao carneiro.

Você não pede a avaliação deles depois da abordagem de venda. Se seguiu todos os passos de venda do Código de Conversão até agora, *você sabe que sua abordagem foi ótima*. Não há motivo para perguntar a alguem que não é do ramo como você. Se quiser uma avaliação sobre sua abordagem de venda, obtenha de seus treinadores e colegas, não de seus clientes.

Se há algo que você pode e, com certeza, deve colocar em seu roteiro e usar toda vez é sua transição para uma frase de fechamento. Você não quer se atrapalhar nesse momento crítico. É o final do segundo tempo. Você está na área. Não perca o gol.

Agora que sabe o que *não* dizer, é isso que você dirá exatamente ao reconhecer que é o momento perfeito para fechar:

"Ótimo! Então, é isso o que faremos a seguir..."

Se em toda sua abordagem de venda, pelo resto da sua vida, você disser: "Ótimo! Então, é isso o que faremos a seguir...", em vez de: "Então, o que você acha?", aumentará sua taxa de fechamento, instantânea e drasticamente.

Lembre-se de que você está usando essa frase de transição conforme completa seu RBA final. Assim que concordarem com sua última amarração, diga imediatamente: "Ótimo! Então, é isso o que faremos a seguir..."

Então, você prevê rapidamente os próximos passos de como será trabalharem juntos, recapitulando o que fará para resolver o problema deles, dizendo claramente o valor e os termos da compra: "Ótimo! Então, é isso o que faremos a seguir... Nossa empresa fará A, B e C para você, o que realizará seus objetivos X, Y e Z. O preço é X e os termos são Y. Novamente, faremos A, B e C e o preço é X." Não tenha medo de reiterar a oferta, preço e termos. Apenas certifique-se de NÃO haver medo em sua voz, ou eles perceberão.

É hora do fechamento! Agora que você fez a transição de sua abordagem de venda e começou o fechamento, é oficialmente hora de pedir algumas coisas ao lead.

Capítulo 15

O Fechamento de Dois Passos

Você nunca quer chegar ao fim de uma ligação bem pensada e, então, estragá-la na última fala. É a hora H. É por isso que sempre uso um roteiro comprovado para o fechamento.

Para começar a fechar, você usará o que é conhecido como tentativa de fechamento. Essa questão não é tão assustadora quanto "crédito ou débito" ou "sim ou não", mas obriga o lead a visualizar que as coisas estão prosseguindo, sem que você tenha que fechar concretamente. Veja um exemplo do primeiro passo, a tentativa de fechamento, em ação.

PASSO 1: A TENTATIVA DE FECHAMENTO

Lembre-se de que começamos nosso fechamento com: "Ótimo! Então, é isso o que faremos a seguir... Nossa empresa fará A, B e C para você, o que realiza seus objetivos X, Y e Z. O preço é X e os termos são Y. Novamente, faremos A, B e C e o preço é X". Agora você segue para a tentativa de fechamento ao perguntar algo como: "Você quer usar seu e-mail de trabalho ou pessoal para o registro?" Quando eu vendia empréstimos, dizia: "É melhor que o avaliador apareça durante a semana ou no final de semana?" Um corretor de imóveis pode dizer: "Você quer procurar casas durante o dia ou ao anoitecer?" Na Curaytor, eu digo: "Que dia da semana é melhor para sua primeira ligação de treinamento?"

TF

Com esses exemplos, meu objetivo é fazer com que o lead visualize que está indo em frente, sem ter de perguntar se ele quer continuar. Ao fazer isso, ele normalmente: (a) Responderá sua pergunta, confirmando que está pronto para um fechamento imediato usando o próximo passo (o fechamento real), ou (b) Fará uma pergunta de compra ou uma objeção antes de responder. São bons resultados. Mesmo que seja uma objeção antes de responder, é muito melhor você tentar usar a técnica ARC (sobre a qual falaremos no próximo capítulo) agora do que quando estiver realmente fechando. Se você solicitar o cartão de crédito de alguém ou o compromisso de trabalharem juntos e a pessoa tiver alguma objeção, será estranho, não importa o quão tranquilo você seja. Você quer usar uma tentativa de fechamento para descobrir quaisquer últimas objeções, antes de ir para a jugular, usando o fechamento real para finalizar a venda.

PASSO 2: O FECHAMENTO REAL

No instante em que respondem à sua pergunta de tentativa de fechamento, você fecha realmente, oferecendo mais duas escolhas. Mas, desta vez, as duas respostas serão "sim" e você fechará. Assim que terminarem a frase respondendo à sua tentativa de fechamento, você quer dizer literalmente: "Certo, ótimo. E você quer usar cartão de crédito ou débito para o pagamento?", ou: "Certo, ótimo. Você quer usar cartão pessoal ou empresarial para o pagamento?"

Não tenho certeza do porquê, mas é muito mais fácil para as pessoas fazerem uma escolha entre crédito ou débito/pessoal ou empresarial no calor do momento, do que quando você pergunta: "Então, vamos continuar?", ou: "Então, você está dentro?"

Muitas vezes, vejo vendedores que normalmente nunca gaguejam começarem a gaguejar ao pedir o número do cartão de crédito de alguém. Essa falta de firmeza na voz e o tom podem ser imediatamente identificados pelo comprador. Infelizmente, tudo o que você fez até o momento pode ser perdido com a falta de confiança. Lembre-se de que o leão não pede comida ao carneiro. Então, não aja como um carneiro ao perguntar sobre o pagamento. Se você o fizer, o lead se tornará o leão e você o jantar.

Um vendedor profissional pede o cartão de crédito assim: "Por favor, leia os dígitos de seu cartão da esquerda para a direita, quatro por vez."

Então, após cada bloco de quatro, certifique-se de dizer "certo", para que eles saibam que você está acompanhando e escrevendo. Aja como um especialista e você poderá se tornar um. Fique obcecado com o fato de as palavras saírem com confiança e claramente quando você fechar.

Para alguns, pode ajudar gravar suas ligações e ouvi-las para ver se há algum temor na voz. Pessoalmente, eu uso o app para dispositivo móvel TapeACall Pro, que permite gravar os dois lados da ligação de meu celular com um clique. Sempre que fizer isso, mencione que: "Nossa ligação está sendo gravada para propósitos de treinamento..." para proteger-se de ambiguidades do motivo de estar fazendo isso. Ao gravar suas vendas (com permissão) e escutá-las enquanto toma nota, você não está fazendo nada ilegal — você está se aperfeiçoando.

FR

Algumas vezes, dependendo do que vende, você não pede nenhum pagamento no fechamento, mas para se encontrarem pessoalmente. Se esse for o caso, você ainda quer usar um fechamento real depois da tentativa de fechamento. A única mudança no roteiro seria substituir o exemplo anterior por: "Então, você gostaria de marcar um encontro amanhã às 14h ou às 15h?", ou: "Posso passar aí no sábado ou domingo para conversarmos?"

Não importa como você define um fechamento, o uso de técnicas sucessivas de tentativa de fechamento e fechamento real pode aumentar sua confiança e suas vendas. Em algumas ocasiões, durante uma ligação, você pode sair do roteiro e criar o seu próprio. *Quando você está fechando não é uma delas.*

A propósito, assim que digam "débito" ou "pessoal", não perca os bons modos. É engraçada a frequência com que um vendedor obtém um número de cartão de crédito e imediatamente "foge". A pessoa acabou de lhe dar o número do cartão e o compromisso de trabalhar com você. Não desligue no instante em que ela fizer isso. Especialmente depois de ter passado um bom tempo ao telefone com ela. No Capítulo 17, ensinarei o que dizer quando dizem sim e como isso pode aumentar significativamente suas taxas de retenção e de exibição.

A verdade nua e crua é que não importa o quão bom você seja no fechamento de leads ao telefone, ainda ouvirá muito "não". Quando isso acontecer, a chave é estar preparado e fazer o que você aprenderá no próximo capítulo: uma técnica chamada ARC.

Capítulo 16

O que Dizer Quando Alguém Ainda Fala Não

Vamos ser honestos. Mesmo os melhores vendedores do mundo ouvirão "não" com frequência. Você pode capturar leads da internet, marcar compromissos de qualidade e arrebentar nas ligações, mas nunca fechará 100% dos seus prováveis compradores. Então, neste capítulo, vou lhe ensinar o que dizer quando alguém fala não. O melhor de executar corretamente o Código de Conversão é que você ouvirá muito menos nãos!

PERGUNTAS DE COMPRA VERSUS OBJEÇÕES

"Agradeço seu tempo, mas não estou interessado". Isso é um não.

"Quanto tempo demora? Como é o pagamento? Posso fazer X se mudar de ideia?" Esses não são nãos. Elas são as chamadas perguntas de compra. Se você fez seu trabalho corretamente, as pessoas começarão a se ver como consumidoras (que é exatamente o que queremos) e, ao fazerem isso, as perguntas rapidamente mudam de descoberta para domínio. Você mudou uma chave na mente delas, que fez com que derrubassem as barreiras e começassem a pensar em compras.

Então, quando você fechar e não for um *sim* explícito, lembre-se de que também não significa que é um não. Algumas vezes, pensamos que essas perguntas de compras são uma objeção no calor do momento, quando há apenas uma preocupação logística. Na verdade, é ótimo obter perguntas de compras. E, ao recebê-las, você precisa se lembrar de usar a técnica ARC.

A TÉCNICA ARC

Similar à técnica ARP, a técnica ARC também começa com Reconhecer a pergunta que fizeram e, então, Responder (R). A diferença está na letra C, que significa Close (Fechar), não Pivot (Articular). A maneira de usar a técnica ARC é a mesma da ARP.

ARC

Veja um exemplo de uso da técnica ARC quando você recebe uma pergunta de compra ao fechar:

Eu: "Crédito ou débito?"

Ele: "Quanto vou pagar?"

Eu: **Reconhecer** = "Quanto você vai pagar? Ótima pergunta."
Responder = "Cobramos A e você recebe B, com os termos C. Ao fazer isso, realizamos os objetivos X, Y e Z que você me disse."
Fechar = "Então, você gostaria de usar cartão de débito ou crédito?"

Curto, delicado, estratégico. É isso que você quer focar ao responder uma pergunta de compra. Com muita frequência, os vendedores recebem uma pergunta de compra e começam um monólogo para respondê-la, confundindo-a com uma objeção. Coisa de iniciante. Você já passou muito tempo com a pessoa ao telefone. Confie no processo. Ao receber uma pergunta de compra no final da ligação, apenas use a técnica ARC.

Pense no fechamento como o fim do segundo tempo de um jogo. Tudo bem ficar nervoso, mas você não pode se perder. É por isso que os treinadores passam um tempão estruturando e praticando situações de fim de jogo com seus jogadores e Michael Jordan tinha suas jogadas vencedoras na mente, antes de executá-las na quadra. Quando as luzes se acendem e o jogo é real, eles estão prontos e confiantes, sabendo que têm um plano de ação claro, roteirizado. Você precisa ter o mesmo nível de confiança ao fechar.

Dica de profissional: Certifique-se de fazer uma lista das perguntas de compras que você mais recebe (Quanto tempo demora para fazer isso? Como funciona o contrato? O que acontece se eu decidir cancelar? etc.) e desenvolva uma técnica ARC que funcione sempre para cada uma delas. Quando perceber as que mais funcionam, utilize-as o máximo possível.

Usando ARC para Superar Objeções

Você provavelmente já sabe as objeções que mais recebe enquanto vendedor. Então prepare-se para o que dizer usando as ARCs que funcionam. Você não precisa reinventar a roda — apenas crie e confie em sua ARC.

Veja um exemplo de uso de ARC ao fechar e receber a objeção do cônjuge:

Eu: "Então, para começar, preciso que você leia o número do seu cartão de crédito para mim, quatro dígitos por vez."

Ele: "Preciso falar com a minha esposa primeiro."

Eu: **Reconhecer** = "Você quer conversar com sua esposa primeiro? Gostei disso. Eu também sempre falo com minha esposa antes de tomar grandes decisões."
Responder = "Vocês estavam sintonizados antes de começarmos esta ligação? Você acha que se a incomodarmos no trabalho e fizéssemos uma chamada de conferência agora ela aceitaria que realizássemos seus objetivos X, Y e Z?"
Fechar = "Ótimo! Então enviaremos a papelada para ela também. Só preciso que você leia seu número do cartão de crédito para mim, da esquerda para a direita, quatro dígitos por vez."

Este é um exemplo de ARC quando você obtém a objeção "Quero esperar."

Eu: "Então, para começar, preciso que você leia o número do seu cartão de crédito para mim, quatro dígitos por vez."

Ele: "Preciso esperar e pensar nisso."

Eu: **Reconhecer** = "Você quer esperar e pensar nisso? Eu entendo. Eu faço a mesma coisa."
Responder = "Digamos que pudéssemos viajar no tempo para daqui a 30 dias — as realizações de seus objetivos X, Y e Z mudariam? Algumas vezes, a indecisão é a pior decisão!"
Fechar = "Se seus objetivos serão os mesmos daqui a um mês, por favor, leia o número do seu cartão de crédito para mim, da esquerda para a direita, para podermos realizá-los."

Este é um exemplo de ARC ao receber uma objeção de custo:

Eu: "Então, para começar, preciso que você leia o número do seu cartão de crédito para mim, quatro dígitos por vez."

Ele: "Eu gosto do que você vende, mas está fora do meu orçamento no momento."

Eu: **Reconhecer** = "Nosso preço é muito alto para você? É uma pena que pense assim. Isso geralmente significa que não fiz um bom trabalho ao explicar tudo o que está incluso."
Responder = "Vamos voltar um passo. Quando perguntei anteriormente, você me disse que seus objetivos eram A, B e C e que se fizéssemos X, Y e Z faria sentido trabalharmos juntos. Entendo que o preço seja um problema para você, mas também há um custo por não agir hoje. Você não realiza seus objetivos!"
Fechar = "Realmente gostei de conversar com você e sei que está tomando a decisão correta. Vamos concluir. Você quer usar cartão de crédito ou débito?"

Embora você possa prever e preparar-se para as objeções mais comuns, inevitavelmente haverá coisas que não poderá prever. Já cheguei ao fim de uma *ótima* ligação, apenas para que o lead me dissesse: "Preciso rezar sobre isso primeiro". É uma objeção muito difícil de superar sem ser grosseiro. É por isso que você tem que se basear em habilidades como a técnica ARC. Mesmo quando alguém lhe dá um drible, você ainda consegue pegar a bola.

Eis um exemplo de ARC ao obter uma objeção incomum:

Eu: "Então, para começar, preciso que você leia o número do seu cartão de crédito para mim, quatro dígitos por vez."

Ele: "Desculpe-me, Chris, mas eu preciso rezar sobre isso antes."

Eu: **Reconhecer** = "Você quer rezar sobre isso primeiro? Admiro isso. Já rezei antes de comprar alguma coisa, também."
Responder = "Deixe-me lhe perguntar. Você já rezou sobre isso hoje? Se você me colocasse em espera e rezasse agora mesmo (realmente não me importo, se fizer você se sentir melhor), acha que, a quem quer que reze, desejaria que você realize seus objetivos de X, Y e Z?"
Fechar = "Então, vamos lá. Você quer usar um cartão de crédito ou de débito para seguir em frente?"

Não estou dizendo que usar essas ARCs funcionará sempre. Mas quando você as dominar, elas mais funcionarão do que não. E elas *realmente* o ajudam a separar as objeções falsas das reais. A realidade é que pode ser difícil superar objeções, mas a outra realidade é que, em sua maior parte, as objeções que você ouve dia após dia são, basicamente, as mesmas. *Esteja preparado para elas.*

Domine as ARCs. Aposte no blefe deles. A maneira como você lida com esses micromomentos ao longo da ligação, e especialmente no fechamento, é o que o elevará de bom para ótimo vendedor.

Ainda um Não? Usando os Resultados Favoritos Adicionais para Obter um "Sim" de Qualquer Maneira

Você pode fazer tudo o que falamos neste livro e ainda receber um não. Faz parte do trabalho. Mesmo que você use as melhores ARCs (algumas vezes, você precisa usar a técnica ARC para refechar), a realidade é que algumas conversas não acabarão em negócio.

Quando isso acontecer, você precisa mudar o foco imediatamente para o que chamo de "resultados favoritos adicionais". São as coisas que você julgará bem-sucedidas se a venda for impossível.

Um resultado favorito adicional seria ligar de volta para eles no mesmo dia para ver se topam. Isso serve para as pessoas que precisam conversar com o cônjuge, rezar ou pensar a respeito, e não compraram com sua ligação.

Outro resultado favorito adicional é uma ligação no dia seguinte.

Um terceiro resultado favorito adicional (menos atraente) é enviar informações adicionais por e-mail e, então, acompanhá-los dentro de uma semana/mês/ano, com base em suas oscilações.

Tudo bem ter um resultado favorito adicional enviado por e-mail para acompanhamento, mas não comece por esse. Inicie com uma nova ligação no mesmo dia ou no dia seguinte. Lembre-se de que antes eu mencionei a citação: "O tempo destrói tudo". Pense nisso também ao agendar uma ligação de acompanhamento. Quanto antes, melhor.

Mesmo quando recebo um não e merecia um sim, recebo um sim. Eles dizem: "Sim, você pode me ligar mais tarde hoje". Isso é quase tão bom quanto uma venda. Eles estão *perto*. Amanhã? Ainda é bom também.

E se você perguntar: "Posso ligar mais tarde hoje?", e disserem não? Bem, então, que tal amanhã? Se for um não também, então, obviamente, é hora de dar um passo para trás. Você se importaria se eu enviasse informações adicionais sobre minha empresa, o que fazemos e, depois, fizesse um acompanhamento (em uma semana, seis meses, um ano)?

Não quero queimar os leads que obtive até agora, porque tivemos uma conversa boa, memorável. Eu fui a fundo. Desenvolvi afinidade.

Tenho anotações sobre eles. Quando você for ligar para alguém mais tarde naquele dia, no dia seguinte ou até mesmo seis meses depois, precisa se lembrar de tudo sobre ele. Então, coloque em seu CRM imediatamente. Depois, acompanhe se eles abrirem seus e-mails ou seu site, como ensinei na Parte Dois. Você pode hiperpersonalizar o primeiro minuto da próxima ligação 10 vezes mais do que você fez nessa, porque já saberá muita coisa sobre eles.

Dica de profissional: Vendedores devem seguir em frente o mais rápido possível quando recebem um não, porque ter uma atitude positiva é muito importante para receber o próximo sim. Para conseguir isso, tenho um modelo de e-mail previamente escrito, porque não quero escrever: "Olá, obrigado por seu tempo. Sei que não..." várias vezes. Tenha esse modelo previamente escrito na Yesware ou no Google Doc para enviar rapidamente.

Lembre-se: Ter uma atitude positiva é uma necessidade. É muito ruim receber um não, mas você se recuperará rapidamente para ser um artista de vendas de elite. Felizmente, ao usar meu roteiro de vendas e os modelos de conversas que ensinei neste livro, você ouvirá sim com mais frequência do que não.

Capítulo 17

Eles Disseram Sim! O que Você Fala Agora?

Parabéns, você fez a venda. Você decifrou o Código de Conversão! Agora, termine a ligação para que eles não desistam antes do pagamento. "Bater e correr" é quando um vendedor faz a venda e, então, em um segundo ou dois diz: "Certo, obrigado, tchau", ou: "Certo, ótimo. Entrarei em contato. Tchau".

É um movimento de iniciante que fazemos no calor do momento e é facilmente evitado com um roteiro simples. Assim que alguém terminar de ler as informações de pagamento, você dirá exatamente o que disse quando identificou o momento ***exato*** de fechar, no Capítulo 14: "Ótimo. Então, é isso o que faremos a seguir...". Mas, em vez de dar os sinais dos próximos passos de compra, como você fez da última vez, desta vez sinalizará os próximos passos do consumidor. Então: "Agora vou falar sobre tudo o que você comprou, além de informações adicionais que enviamos para nossos novos consumidores que você achará úteis. Então, isso acontecerá. E então, aquilo outro acontece. Entendeu? Bom!"

Com seriedade, desenvolva tudo o que você quiser falar depois que disserem sim. Você ouvirá muito a partir de agora.

Muitos trabalhos de venda comissionados possuem o que é chamado de "reembolso", em que o dinheiro é devolvido se alguém cancela depois de comprar. Não há pior sensação no mundo do que ter sua comissão cancelada. Ao falar os próximos passos do processo depois de comprarem, você pode fazer sua parte na redução da agitação e manter os cancelamentos em baixa. E se sua "venda" for um encontro com a pessoa, falar sobre o processo nessa última hora pode ajudar a aumentar sua taxa de comparecimento a compromissos.

Eu levo essa tática de pós-venda um passo adiante, tendo um modelo de e-mail incrível (para isso, uso o Yesware do Gmail), pronto para enviar assim que desligam. Eu o chamo de "Obrigado". Ele tem algumas informações adicionais e artigos online sobre o que acabaram de comprar, e agradeço novamente pelo tempo deles e por comprarem comigo.

Uma vez, li uma história sobre Lewis Howes, que estava vendendo mil dólares de produtos de treinamento online e enviando a quem os comprasse um pacote de brownie de 10 dólares. Ele disse que esses pacotes reduziam os cancelamentos.

Eu não envio brownies, mas uso o Bond.co para enviar um bilhete "escrito à mão" para todo lead com quem tenho uma conversa significativa ou com quem eu fecho. O bilhete chega alguns dias depois e agradece a eles pelo seu tempo e deixa claro que estou ansioso para trabalharmos juntos. A única coisa que geralmente mudo neles é o nome e o endereço para o qual envio, o que demora apenas alguns segundos. Também me certifico de incluir o número de meu celular e meu e-mail abaixo de onde "assino" meu nome.

Seja tão estratégico em suas confirmações quanto é ao fazer suas vendas. Além disso, você acabou de ter uma ligação incrível com essa pessoa e está sendo pago por causa dela. Ela disse sim depois que você foi a fundo e usou razões emocionais de compra, sem que ela percebesse. O mínimo que você poderia fazer é dizer que gostou do encontro (ligação), antes de fechar a porta (desligar o telefone).

Agora que você sabe como capturar e fechar leads da internet, vou lhe ensinar como transformar essas vendas fechadas em leads ainda mais amplos.

Capítulo 18

Como Transformar um Lead Fechado da Internet em Ainda Mais Vendas

É necessário muito trabalho para capturar e fechar com leads da internet. Então, você quer garantir que todos os seus esforços criem leads mais fáceis de serem convertidos, na forma de recomendações de seus clientes atuais e passados.

Como tenho certeza de que neste ponto do livro você pode adivinhar, não deixarei isso à deriva. Desenvolvi um sistema simples para pedir recomendações de clientes atuais (ou antigos) no momento exato.

Uma métrica NPS (Net Promoter Score, Pontuação de Promoção de Internet, em tradução livre) avalia a lealdade do consumidor e é calculada ao se fazer a seguinte pergunta: "Em uma escala de 1 a 10, quão provavelmente você nos recomendaria a um amigo ou colega?" A pesquisa mostrou que notas 9 e 10 são "promotores" da sua marca. Notas sete e oito são "passivos" e tudo abaixo de seis é um "depreciador". A pesquisa normalmente também permite uma resposta adicional: "Por quê?"

É um hábito meu enviar pesquisas NPS de duas a quatro vezes por ano para todos os nossos clientes atuais e antigos. Imediatamente depois de enviar, eu separo as respostas em notas 9 e 10 e dou a lista de nossos consumidores "mais felizes" ao vendedor que fechou com eles.

A pessoa que fechou faz, então, uma ligação para "verificar" como as coisas estão indo. Então, depois que eles conversam, enviamos um recado manuscrito (usando Bond.co), agradecendo pela lealdade e pelo negócio.

Ao final de nossa ligação de verificação estrategicamente marcada (e em uma obs. no recado que enviamos), só perguntamos a eles se não há "mais alguém que conheçam que possamos ajudar". Bum.

Se eles estiverem dispostos a dar um ou dois nomes (geralmente estão — sabemos que eles nos amaram antes de ligarmos), tente também obter o e-mail e o telefone. Assim que conseguir, peça para o programador marcar uma reunião (ou você pode ligar e marcar, se for o programador e o vendedor).

Um erro que vejo os vendedores cometerem dia após dia é não tratar um lead recomendado da mesma maneira que um lead da internet. Isso significa que você *sempre* deve começar do início e usar *todos* os passos na ligação. Não pule a criação de confiança por achar que eles confiam em você por serem uma recomendação de um amigo. A única diferença entre uma ligação de venda com uma recomendação e um lead da internet é que você deve usar essa informação na sua abertura hiperpersonalizada: "Olá, John, falei com a Susie Smith e ela mencionou que você pode estar interessado em saber o que fazemos na Curaytor. Nós ajudamos muito a Susie a aumentar o negócio dela e adoraríamos ver se podemos fazer o mesmo por você!"

Então, você faz todo o resto exatamente como faria com um lead da internet. Tudo. Ganhar o controle, ir a fundo, Recurso/Benefício/Amarração... a experiência toda. Não pegue nenhum atalho ao trabalhar com leads recomendados e lembre-se de que não importa de onde ou como alguém pode lhe conhecer, todo lead agora é um lead da internet e vai buscar informações sobre você online antes ou depois de comprar. Então sempre comece do começo.

Você também pode gerar muitas recomendações de seus leads da internet fechados ao simplesmente manter-se em contato com eles por e-mail e pelo Facebook, pós-venda. Quando estiver fazendo o que aprendeu neste livro sobre e-mail marketing, anúncios de Facebook e redirecionamento, você terá muitas chances de manter-se no topo da lista por um longo tempo, de maneira única e significativa.

É um sentimento muito bom, como proprietário de um negócio, enviar um e-mail útil ou montar um anúncio no Facebook genuinamente benéfico para um novo post de blog que escrevi, que nem mesmo tenta, mas fecha algumas vendas de qualquer maneira. Tenho em minha caixa de entrada centenas de respostas mais ou menos assim: "Dicas incríveis, Chris! Obrigado. Queria lhe apresentar a tal e tal. Falei para eles que precisam ver o trabalho que você está fazendo".

Assim que você ficar bom, torne-se ganancioso.

Capturar leads da internet, criar compromissos de qualidade e fechar mais vendas, como espero que você tenha aprendido neste livro, requerem arte e ciência. Velocidade e tenacidade. Coração e malícia...

O que o Código de Conversão não requer é sorte.

Dan Gilbert, com quem mencionei na introdução que trabalhei e que é o fundador da Quicken Loans e proprietário do Cleveland Cavs, uma vez disse algo que nunca esqueci.

Deixarei você com o que ele disse; geralmente fecho minhas palestras em conferências com isso. Tenha em mente que agora você seguirá sua cruzada pessoal para dominar o Código de Conversão.

"A inovação é recompensada, mas a execução é idolatrada."

Nada neste livro funciona se você não trabalhar.

Se depois de ler este livro e executar o que aprendeu no ***Código de Conversão*** seu negócio melhorar e você começar a capturar e fechar mais leads da internet, envie-me um rápido e-mail (`Chris@Curaytor.com`) com detalhes específicos!

Bônus: Verificando as Análises e Métricas que Realmente Importam (e o que Fazer com o que Descobrir)

Uma das melhores coisas sobre o marketing digital é a análise e a métrica que fornece. Uma das piores coisas sobre o marketing digital é a análise e a métrica que fornece.

Quando eu estava na Quicken Loans, um dos ditados que gravei e também ressoou nos públicos para os quais falo é: "A inovação é recompensada, a execução é idolatrada". Tanto que até terminei este livro com esse sofisma, esperando que ressoe em você quando nos separarmos.

No Código de Conversão, a execução é sagrada. O diabo não está nos detalhes. Está em não executar.

Há duas coisas que importam significativamente mais do que qualquer métrica que verifico — minha coragem e meu crescimento. Esse pensamento C^2 guia minhas decisões muito mais do que visualizações de página, custo por clique, custo por lead, custo por aquisição, taxa de clique, alcance, taxa de conversão ou taxa de abertura.

C^2 é simples. Você acha que o que está fazendo online está funcionando (coragem)? Seu lucro está aumentando (crescimento)? Quando as respostas forem sim e sim, coloque mais lenha na fogueira.

A geração e a conversão de leads da internet compreendem muitas partes em movimento, como um site, landing pages, SEO, mídia social, e-mail marketing, campanhas de automação de marketing, CRM e SMS, para listar algumas.

Cada uma dessas partes em movimento vem com seu próprio conjunto de análises e métricas que você pode verificar. Na verdade, empresas estão usando mais frequentemente a aprendizagem automática ou contratando pessoas chamadas "analistas de dados" ou "cientistas de dados", e todo o propósito delas é examinar os dados e fazer recomendações baseadas no que encontram. A triste realidade sobre dados de marketing digital é que eles podem ser manipulados de forma a fazer com que as coisas pareçam excelentes, mesmo que não sejam.

Não permita que os gurus da mídia social o enganem. A melhor coisa que o Facebook e a internet em geral possibilitam não é "construir uma comunidade" ou "engajar seu fãs". É construir seu negócio. Você faz isso ao executar o que aprendeu neste livro.

Fiz uma auditoria do retorno sobre investimento de propagandas no Facebook para uma empresa de hipotecas. Pedi para o CEO deles me enviar o último relatório que obtinham mensalmente da agência de mídia social que haviam contratado. Minha reação imediata foi que ele deve ter sido preparado por alguém que realmente queria manter o emprego. Tudo estava maquiado! Como vendedor, preciso primordialmente de leads para ligar — de preferência, muitos deles. Então, o número e o custo por lead são importantes. Muito.

Conforme examinava o relatório, fiquei nauseado pelo foco no alcance, engajamento, novas curtidas e posts populares. Adoraria ver você levar essas coisas no banco e depositá-las. Por fim, encontrei a parte do relatório que falava sobre o número de leads gerados e o custo por lead. A taxa de volume e conversão de leads deles era terrivelmente baixa, e o custo por lead era, pelo menos, 10 vezes maior do que deveria ser.

Para colocar isso em uma perspectiva que me anime a otimizar minhas campanhas de marketing e examinar as métricas que importam, eles poderiam ter ido de 150 para 1.500 leads por mês, com o mesmo gasto com anúncios, se tivessem usado o Código de Conversão. O que eles estavam fazendo era incidental. O que eu lhes ensinei é proposital.

Para evitar que você gaste seu tempo em pixels quando poderia estar focado em pessoas, fiz uma lista das análises e métricas que importam e o que você deve (ou não) mudar com base no que encontrar. Você conhecerá muitas dessas métricas apenas de nome. Como no Google Analytics, o "Time on Site" (Tempo no Site) ou o "Page Views per Visit"

(Visualização de Página por Visita) são bastante simples, assim são as métricas como "Alcance" ou "Frequência" no Facebook Insights.

O ouro neste capítulo de bônus está tanto no que ***não*** estou incluindo nele quanto no que estou. Uma vez que você certamente poderia argumentar que estou deixando algo importante de fora, para mim o seguinte é ***mais*** do que suficiente para verificar e tentar melhorar.

No Capítulo 1, começamos com sites e landing pages, então, vamos começar com eles aqui também.

MÉTRICAS DE SITE QUE IMPORTAM

Número total e custo por visitante único: Você pode calcular facilmente o total de gastos com anúncios mensalmente. Você também quer saber quantas pessoas visitaram seu site durante esse mesmo período. Isso proporciona uma maneira rápida de calcular seu custo verdadeiro por visitante único. Total Gasto por Anúncio ÷ Visitantes Únicos = Custo por Visitante Único. Se você está obtendo muito tráfego "gratuito" por e-mail, blog, mídia social ou SEO, isso certamente diminuirá o custo significativamente.

Número total de leads: Quantos leads seu site gerou durante o mês? Certifique-se de usar um único e-mail e telefone em seu site para poder rastrear aqueles que pulam o formulário de contato e tentam se comunicar de outra maneira. Incluo novos inscritos no blog como leads de site. Embora muitos deles não estejam prontos para uma transação agora, estarão depois, contanto que você faça o que lhe ensinei na Parte Dois.

Taxa de conversão: É importante ter um parâmetro de como seu site converte tráfego. Ao saber disso, você pode sentir-se muito melhor ao enviar tráfego pago para lá e gastar mais tempo em SEO. Por exemplo, se meu site está convertendo 3% com as várias chamadas para açao que tenho, sei que se tiver 10 mil visitantes por mês, obterei no mínimo 300 leads.

Lembre-se de que o Código de Conversão lhe ensinou que landing pages são maiores do que sites para tráfego pago exatamente por essa razão. As taxas de conversão das landing pages podem ser 10 vezes maiores do que a taxa de conversão de sites, graças ao foco em uma página, um propósito. No entanto, os que se converterem em leads por meio de seu site serão, com frequência, de qualidade mais alta, mesmo que estejam em uma menor quantidade, quando comparados com as landing pages. Mais sobre as métricas das landing pages que importam à frente.

Visitantes novos versus antigos: Com um site bem projetado, conteúdo otimizado para mecanismos de pesquisa e mídia social, um blog com um FAQ confiável e um sistema de acompanhamento por e-mail, seu site receberá muito tráfego novo, mas certifique-se de ainda ficar de olho no antigo. Com frequência, alguém visitará seu site mais de uma vez, até mesmo algumas dúzias de vezes, antes de tornar-se um lead. Eu gosto de garantir que ao menos 25% do tráfego de meu site por mês seja antigo, não novo. O custo de fazer com que as pessoas voltem para seu site é uma fração do custo de fazê-las chegar lá pela primeira vez.

Visualizações de página por visita: Se as visualizações por visitante de sua página são muito baixas, é muito difícil capturar novos leads. Ao compartilhar um link para um bom conteúdo no Facebook, os passos mais naturais para aquele visitante serão sair, ler algo relacionado ao que acabou de ver ou visitar sua página. Ao clicar em sua página, ele terá muitas formas adicionais de se registrar ou ir mais a fundo no que você faz. É por isso que passamos tanto tempo no Capítulo 1 obcecados com o design de nosso site! Traga-os com conteúdo — maravilhe-os com sua marca.

Tempo médio no site: De forma similar às visualizações de página por visita, se seu tempo médio no site for muito baixo, será muito difícil capturar novos leads. Muitas das "armadilhas" que colocamos no seu site dependem da visita deles a certas páginas, fazer certos caminhos ou passar certo tempo antes de engatilharem. Se a média no site é de 31 segundos, é difícil criar confiança a ponto de alguém entrar em contato e trabalhar com você.

Há exceções a essa regra. Talvez seu site seja 100% focado em ligar alguém a uma landing page. Se esse for o caso, quanto menor o tempo no site, melhor, potencialmente. Mas, para a maioria dos sites, se você quiser que chat ao vivo, pop-ups, ímãs de leads e formulários de contato funcionem, precisa que as pessoas permaneçam por alguns minutos. Também gosto de examinar meu conteúdo e organizá-lo pelo maior tempo médio no site. Você ficaria impressionado em como trazer seu visitante usando um conteúdo pode fazer com que fique por 10 minutos e outro pode fazer com que saia depois de 10 segundos. Ao identificar o conteúdo de maior tempo no site, posso anunciar mais eficazmente e obter mais retorno sobre o investimento ao comprar tráfego.

Páginas com maior desempenho: Estou constantemente olhando quais são nossas páginas e posts de maior desempenho. É a maneira mais fácil de identificar novos conteúdos que devemos criar. Eu também quero certificar-me de que as páginas e posts que obtém o maior tráfego sejam os mais otimizados para compartilhamento social e busca, e com ímãs de lead para geração de leads. O que você pode fazer agora mesmo, que trará retorno, é ir em seu Google Analytics e pesquisar os "10 melhores" conteúdos ou páginas de todos os tempos. Passe alguns minutos em cada um deles, "reotimizando" com as dicas deste livro. Você deve identificar suas HTPs (highest-traffic pages — páginas de maior tráfego) e continuar a melhorá-las e a criar mais como elas.

Fontes de tráfego: Direta (quando alguém digita sua URL no navegador), social (tráfego de sites de mídia social), pesquisa orgânica (SEO), referência (como um folheto informativo enviado por e-mail ou outro site levando ao seu) e pesquisa paga (SEM), são todas fáceis de encontrar e monitorar no Google Analytics. A maioria dessas é direta. Seu objetivo é ser diversificado. Você não quer deixar todos os ovos em uma cesta. Por exemplo, mesmo que seu tráfego esteja vindo todo do Facebook, seu tráfego direto deve aumentar conforme sua marca seja disseminada com mais frequência, e seu tráfego de referência deve aumentar conforme você acompanha com e-mails que fazem ligação a você.

Uma dica de profissional que vejo muitos profissionais de marketing deixarem passar é rastrear seus e-mails de massa ou campanhas de mídia social como fontes de referência superespecífica de tráfego no Google Analytics. Isso pode ser feito facilmente com o formulário Criador de URLs do Google. Você não só pode fazer isso para e-mail marketing ou anúncios do Facebook, mas também para mencionar especificamente e rastrear QUALQUER campanha online que envolva um link.

C^2

Isso torna muito fácil identificar o desempenho de uma campanha específica. Você perceberá que certos tipos de conteúdo levam a uma visita muito mais longa e profunda do que outros. Você não só saberá quantas pessoas no total e quantas visualizações de página uma campanha criou, mas também poderá ver o tempo médio da visita, comparado com o tráfego de seu site em geral.

As campanhas de newsletter por e-mail que levam para meu site são uns dos links de melhor desempenho para tempo no site e visualização de página por visita.

Principais páginas de saída: Quando você otimizar seu site e seu conteúdo, como falei nos Capítulos 1, 2 e 3, terá uma grande quantidade de links externos que levam a outros sites e também para seus ímãs de lead/landing pages. Embora você possa pensar que suas principais páginas de saída sejam algo ruim, quando examinadas pelas lentes do Código de Conversão, elas são algo bom. Lembre-se de que as landing pages sempre convertem melhor que os sites; portanto, pode ser um ganho saber de quais páginas a maioria das pessoas sai. Isso pode ser um bom indicador de que você otimizou essas páginas com os links e chamadas para ação corretos!

Resultados de pesquisa pagos: Uma coisa que toda empresa deve fazer é ter pelo menos uma campanha SEM/PPC no Google para sua própria marca ou nome, quando pesquisado. Quando você compra um anúncio para o que alguém estava procurando literalmente, ele obtém muitos cliques. Com um anúncio no Google, em vez de apenas confiar no resultado orgânico, obtemos mais controle sobre o que é mostrado e as chamadas para ação. Pagar por isso, e por quaisquer outras palavras-chave que você possa anunciar no Google, pode ser bem caro; então, é imperativo que você examine sua análise para os resultados dessas campanhas.

MÉTRICAS DE LANDING PAGE QUE IMPORTAM

Número total de visitantes: Quando você gasta dinheiro nos anúncios do Facebook ou tempo otimizando seu site e seu conteúdo com ímãs de lead para levar as pessoas para suas landing pages, quer ter certeza de que todo esse trabalho está valendo a pena. Construir landing pages não é o suficiente — você deve dirigir tráfego para elas propositadamente todo mês, sem falta, usando as táticas que aprendeu neste livro. A maioria das empresas rastreia apenas o número de visitantes de sua página principal. Você precisa rastrear isso *e* o número de visitantes de suas landing pages.

Número total de leads e custo por lead: Usando uma integração de CRM ou mesmo uma planilha, você precisa rastrear mensalmente o número de leads de suas landing pages. Você também quer dividir isso pelo dinheiro que gastou para levar o tráfego a elas. Isso lhe fornecerá o verdadeiro custo por lead.

Taxa de conversão: Agora que você tem o número de visitantes e o número total de leads, tem sua taxa de conversão. Landing pages podem, literalmente, converter qualquer coisa entre 0 a 100%, dependendo de vários fatores. E você também precisa ter o cuidado de simplesmente procurar a mais alta taxa de conversão possível. Muitas vezes, para mim, uma landing page que converte em 6% gera mais renda, crescimento e pagamento real para minha empresa do que uma que converte 70%. Por quê? A quantidade de informação que você coleta em sua landing page certamente impactará sua taxa de conversão. Mas, novamente, você precisa encontrar um equilíbrio, porque quanto mais coletar, mais poder dará ao seu time de vendas quando ligarem.

É quando aplico um pensamento C². Se uma landing page está funcionando, isso significa que as vendas e o marketing concordam que estamos obtendo bons leads dela e crescendo por causa dela. Se sei que algo está funcionando, independentemente de como os dados podem se comparar ou justapor com as "linhas de base", não analiso muito.

Fontes de tráfego: Algumas vezes, o melhor que seu site faz é enviar pessoas para seus ímãs de lead/landing pages. Se as métricas de site anteriores são insatisfatórias, mas seu site é uma ***grande*** fonte de referência para suas landing pages, as quais estão capturando leads que estão se convertendo em vendas, você está numa ótima posição. É por isso que C² é importante com todas as métricas. Se você está crescendo e sabe que as pessoas estão clicando, seria assustador e inocente fazer mudanças na landing page que melhorassem custo ou a quantidade de leads de forma marginal, mesmo que as métricas sejam aparentemente "feias". Assim como com seu site e suas fontes de tráfego, tenha consciência de quais são as melhores fontes para o tráfego para suas landing pages. Como em seu site, onde 10% do conteúdo pode obter 90% das visualizações, 10% de suas landing pages podem obter 90% de seus leads. Uma vez que você encontre e lance uma que funcione, use-a o máximo possível. Apenas foque o que funciona frente a mais pessoas.

Você quer que o tráfego de suas landing pages e ímãs de lead sejam comparados com os de seu site. Claro, você obterá, mais certamente, ***muito*** mais visualizações de páginas, visitantes e tempo no site usando um site tradicional e blog. Mas essas coisas não vão converter leads nem perto da taxa de suas landing pages. Por exemplo, se tivéssemos 100 mil visualizações de página na Curaytor.com por mês, eu gostaria de obter, *ao menos,* 25 mil visualizações de página em nossas landing pages durante o mesmo período.

MÉTRICAS DO FACEBOOK QUE IMPORTAM

Cliques em links: A maior parte de nosso foco no Facebook é conduzir tráfego para nosso site e landing pages usando links. Então, fico de olho em quantos cliques cada anúncio obtém. Se um anúncio está apenas tendo bom alcance, mas não muitos cliques, desisto dele.

Taxa de cliques: A média de taxa de cliques nos Estados Unidos em 2015 era de 0,84%.[1] Ao fazer o que ensinei neste livro, você deve estar perto de 2 a 5%. Já tive anúncios no Facebook com taxa de cliques de mais de 10%. Uma boa regra seria ficar entre 1,5 a 3%. Abaixo de 1% não é ideal. Acima de 2,5% é poderoso.

Alcance: Para obter o volume de cliques de que preciso, também tenho que pensar no fator alcance dos meus anúncios. Se você quiser centenas de cliques e leads, não pode atingir duas mil pessoas. Pense no alcance assim: Se você segmentar seus anúncios no tamanho de uma grande universidade (ou maior), eles obterão muita ação. Se você segmentar seus anúncios no tamanho de uma escola de ensino médio grande, eles não obterão muita ação. Haverá vezes em que você vai querer alcançar um pequeno número de clientes "perfeitos". Só tenha em mente que, quando você tiver o volume de cliques e os leads não estiverem lá, então, é melhor que tenha qualidade.

Impressões: Quando você tem tantos anúncios no Facebook quanto eu, as impressões podem fazer sentido. Embora eu normalmente não me anime com impressões, elas têm um valor imenso para mim de uma maneira inegável. Eu estou online POR TODO LADO na visão do lead e sempre ouço dizer que "eu vi seu anúncio me seguindo". Seu objetivo para impressões totais deve ser o número de pessoas que você quer atingir, vezes o número de vezes que quer atingir cada uma. Você pode se dar melhor ao ter 100 mil pessoas vendo seu anúncio 10 vezes do que 1 milhão vendo apenas uma vez.

Pontuação de relevância: Agora, o Facebook pontua cada anúncio em uma escala de 1 a 10. Mesmo eles não tendo divulgado tudo o que entra em seu sistema de pontuação, tenha certeza de que o objetivo é identificar anúncios de qualidade versus os ruins. O Google usa uma metodologia similar ao pontuar como as campanhas PPC estão indo. Quanto melhor a pontuação, melhor o anúncio. Quanto melhor a pontuação, melhor posicionados serão seus anúncios. Além disso, uma pontuação alta geralmente significa que você obteve um alto nível de engajamento com leads no Facebook, mostrando o anúncio a mais pessoas de graça, organicamente.

Frequência: Mesmo que eu queira atingir muitas pessoas muitas vezes com meus anúncios, não quero que elas o vejam com muita frequência. Se alguém viu meu anúncio mais de 30 vezes e ainda não se engajou, prefiro parar aquele anúncio e desenvolver outra maneira que dê certo. Eu também tento não eliminar um anúncio até que ele tenha sido visto, pelo menos, uma boa quantidade de vezes. Você não pode esperar que seu anúncio seja visto apenas uma vez e que todos que clicarem nele façam isso na primeira vez que o virem.

De acordo com AdEspresso: "Quanto mais a frequência (de um anúncio do Facebook) aumentou, mais o CTR diminuiu e a média de Custo Por Clique aumentou. Os números não mentem, em uma frequência de 9, o custo médio por clique aumentou 161% se comparado com o começo da campanha."[2] Então, conforme a frequência aumenta, o custo por aquisição também aumenta. Resumo? A frequência realmente importa; portanto, fique de olho nela.

Posts mais populares: Eu constantemente uso a guia Insights de minha página no Facebook para identificar meus posts com maior desempenho. Como meu propósito nº 1 no Facebook é obter cliques, organizo todos os meus posts antigos para que os que possuem a maior quantidade de cliques de todos os tempos fiquem logo no começo. Então, passo alguns minutos descobrindo o porquê e planejando outros anúncios como os melhores que encontro.

MÉTRICAS DE E-MAIL MARKETING QUE IMPORTAM

Quando se trata de minhas campanhas de e-mail, examino poucas métricas específicas. Como os e-mails são muito importantes para o Código de Conversão, você deve ficar de olho no comportamento daqueles que envia. A métrica de e-mail óbvia e mais importante será o tamanho de sua lista e certificar-se de que está sempre crescendo.

Quando examino os dados de meu e-mail marketing, foco as taxas de abertura, cliques e resposta e a porcentagem daqueles que cancelam a inscrição. A maioria dos sistemas hoje não rastreia quantas pessoas respondem automaticamente, como faz com aberturas, cliques e cancelamento de inscrições. Mas se as respostas chegam, você pode procurar em sua caixa de entrada por "re: assunto" e calculá-las manualmente. As aberturas e os cliques são indicadores bons e sólidos de que devemos ligar para um lead, como discuti na Parte Dois, mas respostas são o que começam conversas, e conversas fecham vendas.

Se você pesquisar por "abertura de e-mail e taxas de cliques por ramo", poderá obter uma boa base, se não fizer ideia do que é "bom" no seu caso.

Minha lista de e-mail tem, atualmente, uma média de mais de 30% de taxas de abertura, mais de 3% de taxas de cliques e menos de 1% de taxas de cancelamento de inscrição. Mas também posso, sempre que precisar ou quiser, fazer com que esses números aumentem para mais de 50% e 10% ao: (a) Ser bastante astuto em minha linha de assunto e nas chamadas para a ação ou (b) Segmentar minha lista para que aquilo que envio seja mais relevante do que aquilo que envio a todos.

A propósito, não desanime com cancelamento de inscrições. Ter alguma agitação em sua lista é saudável, contanto que não seja demasiada e você esteja sempre colocando novos leads nela. Além disso, queremos enviar e-mails para quem quer comprar, não para quem quer se lamentar.

Não se esqueça de que você precisa verificar essas métricas para seu e-mail de massa também. Fico espantado de ver como poucas empresas fazem mudanças e melhorias, baseadas em dados sólidos, em suas campanhas mensais de e-mail. Pequenos ajustes no texto do e-mail podem gerar grandes mudanças. Uma vez perguntamos por e-mail para os leads: "Conte-nos sobre as condições de suas casas agora", o que gerou algumas respostas. Mas, ao mudarmos para: "Em uma escala de 1 a 10, como você avaliaria a condição atual de sua casa?", removemos um atrito e aumentamos a taxa de respostas, mesmo que nossa mensagem tenha sido basicamente a mesma pergunta.

Também acho útil examinar mais de perto quais links obtêm mais cliques quando há um e-mail com várias chamadas para a ação. Seu primeiro link será sempre o que obtém mais cliques, não importa o que você faça, mas também aprendo ao ver o volume de cliques para cada link específico que estava disponível. Isso me ajuda a ficar de olho no que ressoa ou não em minha lista e em meus leads. Se um link bem mais abaixo obtém mais cliques do que vários acima dele, tomo nota disso imediatamente.

Por último, uma vez por trimestre, volto para ver quais assuntos obtiveram as melhores taxas de abertura e cliques. Isso me esclarece a respeito do que minhas próximas mensagens devem focar. Bons assuntos para e-mails são tão importantes quanto bons títulos para posts em blogs.

MÉTRICAS DE VENDAS QUE IMPORTAM

Número total de vendas. É isso.

Como meu primeiro instrutor de vendas uma vez me disse: "Há lugar suficiente em minha planilha no final de cada mês para resultados, não desculpas, intencionalmente."

É claro, o número de leads para os quais se ligou, o número de leads recebidos, o número de compromissos marcados, a taxa de comparecimentos, a taxa de fechamentos, o tempo total logado e as horas trabalhadas podem todos ser boas métricas a serem observadas e, com certeza, terão uma correlação direta com os resultados. Mas só os resultados importam. Certifique-se de pagar seu anunciante, seu programador e seu vendedor com base em negócios fechados, não em métricas de vaidade que não atingem o objetivo.

Também sou fã de "alimentar a gordura", o que significa que seu vendedor mais bem pago deve sempre ganhar mais do que o CEO (menos quaisquer bônus ou opções de compra de ações que eles possam ganhar). Por exemplo, se eu me pagasse como o proprietário da Curaytor 150 mil dólares por ano, seria bom se também tivesse um plano de compensação para meus melhores representantes de vendas, que fizesse com que ganhassem 150,001 mil dólares.

Se você olhar a capa deste livro, depois de uma jornada complexa para chegar onde realmente dominou o Código de Conversão, tudo o que está no fim do funil é um $. Isso porque todo o propósito do Código de Conversão é focar ganhar dinheiro usando a internet e todas as inovações que recentemente ocorreram no mundo do marketing e das vendas.

Novamente, há outras métricas importantes que não incluí aqui de propósito. Tenho certeza de que receberei alguns e-mails não muito amigáveis, especialmente do pessoal de marketing, dizendo que simplifiquei demais esta parte. Eu não me importo. Meu C^2 é mais importante do que qualquer argumento (mesmo que válido) que eles possam ter.

Espero que, ao compartilhar minha jornada pessoal tão especificamente quanto pude, o tenha inspirado a levar seus esforços de marketing, vendas, geração e conversão de leads a alturas que você nem sabia que existiam. Houve muitas pessoas que me inspiraram e me ensinaram ao longo do caminho. Só senti que seria certo ensinar e inspirar outros também.

Adoraria escutar como a execução do Código de Conversão funcionou para você. Envie-me um e-mail (Chris@Curaytor.com), uma mensagem no Facebook (FB.com/CuraytorChris) ou um tuíte (@Chris_Smth) com quaisquer resultados específicos que você obteve ao ler o livro e colocá-lo em prática. Ao me enviar as mensagens, use #TheConversionCode.

Também transmita este livro para qualquer anunciante ou vendedor a quem você pense que possa ajudar (preferivelmente os de empresas *enormes* que devem me convidar para ensinar o Código de Conversão e treinar seus times de vendas e marketing).

Você deve ter previsto uma chamada para a ação bem calculada no final do livro, certo?

Notas

COMO DECIFRAR O CÓDIGO DE CONVERSÃO

1. 8 Seconds to Capture Attention: Silverpop's Landing Page Report. Report. 2009. Acessado em 30 de setembro de 2015. <http://www.silverpop.com/downloads/white-papers/Silverpop-LandingPageReport-Study.pdf>.

CAPÍTULO 1

1. Pamela Briggs, Elizabeth Sillence, Lesley Fishwick, Peter Richard Harris, "Trust and mistrust of online health sites" (artigo apresentado na Conference on Human Factors in Computing Systems, Viena, Áustria, 24 a 29 de abril de 2004). <http://www.researchgate.net/publication/221516871_Trust_and_mistrust_of_online_health_sites>.

2. Code Academy. "Reimagining CodeAcademy.com: Our 10 Design Principles." https://medium.com/about-codecademy/reimagining-codecademy-com-1ebd994e2c08.

3. U.S. Department of Health & Human Services. <http://www.usability.gov/>.

4. Anderson, Myles. "Local Consumer Review Survey 2014." <https://www.brightlocal.com/2014/07/01/local-consumer-review-survey-2014/#internet BrightLocal>. 1º de julho de 2014.

5. Kovash, Ken. "Changing the Firefox Download Button". <https://blog.mozilla.org/metrics/2008/11/21/changing-the-firefox-download-button/>. Mozilla Blog of Metrics. 21 de novembro de 2008.

6. MarketingSherpa. *Landing Page Handbook*.

CAPÍTULO 2

1. Hubspot State of Inbound 2014–2015.

2. Hubspot State of Inbound 2013–2014.

3. Lee, Kevan. Buffer. "The Anatomy of a Perfect Blog Post: The Data on Headlines, Length, Images and More." 28 de maio de 2014. <https://blog.bufferapp.com/perfect-blog-post-research-data>.

4. Turnbull, Alex. "The Power of Storytelling: How We Got 300% More People to Read Our Content." 22 de abril de 2014. <https://blog.bufferapp.com/power-of-story>.

5. PR Web Blog Stat.

6. Wei, Jiyan. "Increasing Time-on-Page Through Aesthetics (Lessons Learned from PRWeb and Build Zoom — Two Large Content Sites)" PRWeb & Buildoom Studies. <https://moz.com/ugc/increasing-timeonpage-through-aesthetics-lessons-learned-from-prweb-and-buildzoom-two-large-content-sites>.

7. Lee, Kevan. Buffer. "The Ideal Length of Everything Online According to Science." <https://blog.bufferapp.com/the-ideal-length-of-everything-online-according-to-science>. 31 de março de 2014.

8. Opt-In Monster. "50 Blog Post Ideas That You Can Write About Today." <http://optinmonster.com/50-blog-post-ideas-that-you-can-write-about-today/>.

CAPÍTULO 3

1. Ryan Deiss. Digital Marketer. <http://www.digitalmarketer.com/lead-magnet-ideas-funnel/>. 9 de julho de 2014.

2. Software Advice & Adobe. *Social Media Content Optimization Survey*. <http://b2b-marketing-mentor.softwareadvice.com/the-social-media-content-optimization-survey-1013/>.

3. BrightEdge Whitepaper. ***Social-Share Analysis: Tracking Social Adoption and Trends***. Abril de 2013.

4. Patel, Neil. ***QuickSprout***. "The Ultimate SEO Checklist". 19 de janeiro de 2015. <http://www.quicksprout.com/2015/01/19/the-ultimate-seo-checklist-25-questions-to-ask-yourself-before-your-next-post/>.

CAPÍTULO 4

5. Ingram, Matthew. "Facebook has taken over from Google as a traffic source for news." <http://fortune.com/2015/08/18/facebook-google/>. 18 de agosto de 2015. ***Fortune Magazine***.

6. Spencer, Jamie. "The Science of Posting on Social Media." <http://www.setupablogtoday.com/the-science-of-posting-on-social-media-infographic/>. Acessado em 30 de setembro de 2015.

CAPÍTULO 5

1. Mailchimp. "Email Marketing Benchmarks." http://mailchimp.com/resources/research/email-marketing-benchmarks/ .

2. Retargeter Blog. "7 Best Practices for Running a Retargeting Campaign." <https://retargeter.com/blog/strategy-2/7-best-practices-for-running-a-retargeting-campaign>.

CAPÍTULO 9

1. Hubspot. "All the Marketing Statistics You Need." <http://www.hubspot.com/marketing-statistics-1>.

CAPÍTULO DE BÔNUS

1. Reiss-Davis, Zachary. "Salesforce Ads Benchmark: Key Trends Across Facebook, Twitter, LinkedIn." Salesforce. <https://www.salesforce.com/blog/2015/07/salesforce-ads-benchmark-key-trends-across-facebook-twitter.html>. 8 de julho de 2015.

2. AdEspresso. "Silent but deadly: The Frequency of your Facebook Ads." <https://adespresso.com/academy/blog/facebook-ads-frequency/> 27 de janeiro de 2015.

OUTRAS LEITURAS RECOMENDADAS:

1. "Anatomy of a Perfect Landing Page." <https://blog.kissmetrics.com/landing-page-design-infographic/>.

2. JiyanNaghshinehWei. TheImpactofMultimediaonNewsConsumers. <http://www.cision.com/us/2010/04/the-impactof-multimedia-on-news-consumers/>.

Índice

Nota: As referências de página em *itálico* aludem às figuras.

Este livro foi impresso nas oficinas gráficas da Editora Vozes Ltda.,
Rua Frei Luís, 100 – Petrópolis, RJ.